罪恶迷雾

第二次世界大战纳粹真相

胡元斌 严 锴 主编

台海出版社

前言 PREFACE

1937年7月7日，驻华日军在卢沟桥悍然向中国守军开炮射击，炮轰宛平城，制造了震惊中外的"七七事变"，中国的抗日战争全面爆发。1939年9月1日，德国入侵波兰，第二次世界大战正式开始。1945年9月2日，日本签署投降书，第二次世界大战宣告结束。

这是人类社会有史以来规模最大、伤亡最惨重、造成破坏最大的全球性战争，也是关系人类命运的大决战。这场由德、意、日法西斯国家的纳粹分子发动的战争席卷全球，世界当时人口总数的80%的20亿人口受到波及。这次世界大战把全人类分成了两方，由美国、苏联、中国、英国、法国等国组成的反法西斯同盟国与由德国、日本、意大利等国组成的法西斯轴心国，进行对垒决战。全世界的人民被拖进了战争的深渊，迄今为止这是人类文明史上绝无仅有的浩劫和灾难。

在这场大战中，交战双方投入的兵力和武器之多、战场波及范围之广、作战样式之新、造成的损失之大、产生的影响之深远都是前所未有的，创造了许多个历史之最。

第二次世界大战的胜利具有伟大的历史意义。我们历史地、辩证地看待这段人类惨痛历史，可以说，第二次世界大战的爆发给人类

造成了巨大灾难，使人类文明惨遭浩劫，但同时，第二次世界大战的胜利，也开创了人类历史的新纪元，给战后世界带来了广泛而深远的影响。促进了世界进入力量制衡的相对和平时期；促进了一些殖民地国家的民族解放；促进了许多社会主义国家的诞生；促进了资本主义国家的经济、政治和社会改革；促进了世界科学技术的进步；促进了军事科技和理论的进步；促进了人类认识史上的一场伟大革命；促进了世界人民对和平的深刻认识。

第二次世界大战的胜利也是世界人民反法西斯战争的胜利，成为20世纪人类历史的一个重大转折，它结束了一个战争和动荡的旧时期，迎来了一个和平与发展的新阶段。我们回首历史，不应忘记战争给我们带来的破坏和灾难，以及世界各个国家和人民为胜利所付出的沉重代价。我们应当认真吸取这次大战的历史经验教训，为防止新的世界大战发生，维护世界持久和平，不断推动人类社会进步而英勇奋斗。

这就是我们编撰《第二次世界大战纵横录》的初衷。该书综合国内外的最新研究成果和最新解密资料，在有关部门和专家的指导下，以第二次世界大战的历史进程为线索，贯穿了第二次世界大战的主要历史时期、主要战场战役和主要军政人物，全景式展现了第二次世界大战的恢宏画卷。

该书主要包括战史、战场、战役、战将和战事等内容，时空纵横，气势磅礴，史事详尽，图文并茂，具有较强的历史性、资料性、权威性和真实性，非常有阅读和收藏价值。

目录 CONTENTS

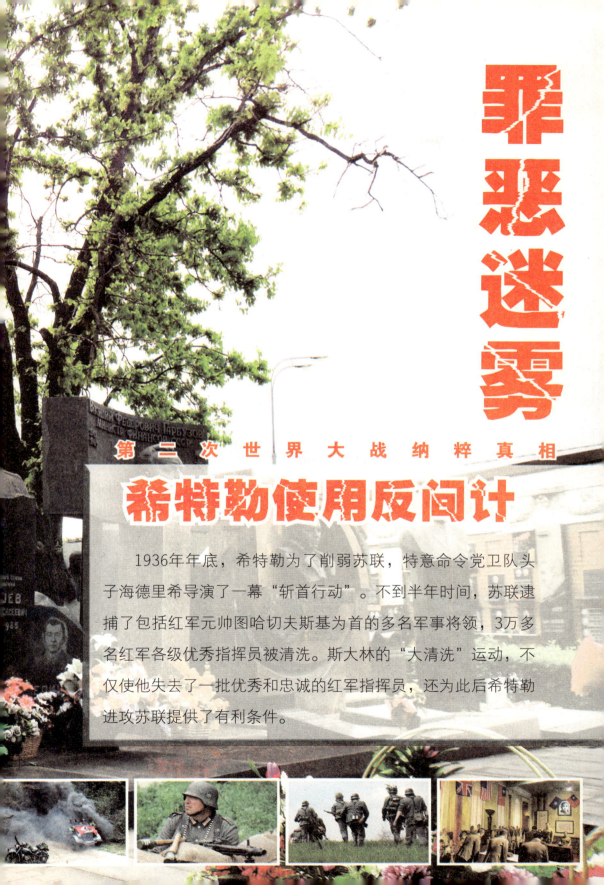

罪恶迷雾

第二次世界大战纳粹真相

希特勒使用反间计

　　1936年年底，希特勒为了削弱苏联，特意命令党卫队头子海德里希导演了一幕"斩首行动"。不到半年时间，苏联逮捕了包括红军元帅图哈切夫斯基为首的多名军事将领，3万多名红军各级优秀指挥员被清洗。斯大林的"大清洗"运动，不仅使他失去了一批优秀和忠诚的红军指挥员，还为此后希特勒进攻苏联提供了有利条件。

海德里希策划
"斩首行动"

1941年6月22日凌晨，希特勒撕毁了签署不到两年的《苏德互不侵犯条约》，纳粹德国的军队分三路大军以闪电战突破苏军的防御，中路直逼莫斯科，北路直指列宁格勒，南路长驱直入乌克兰首府基辅。苏军一线164个师的部队损失过半，被俘50万人，斯大林震惊了。他一改往日刚愎自用的孤傲性格，在开战后第一次苏军最高统帅部会议上，愤怒而又沉痛地说道："我们上当了，该死的德国人！"

而此时，在德国的一个高级将领会议上，希特勒欣喜若狂，对于这个红色苏联，这个令他恨之入骨的共产党政权，他已经耍了斯大林好几次了。

此时，针对苏联红军的溃退和不堪一击，再想想神秘的"斩首行动"，怎么能不让他高兴呢！希特勒没有想到的是，当年的"斩首行动"会收获如此之大，这真是出乎他的预料。面对眼前的高级将领，他得意地讥讽道："他们早已没有好的统帅了！"在他的眼中，苏联似乎是唾手可得了。

1936年圣诞节前夕，阴霾笼罩着德国首都柏林。纳粹党卫队保安处长、盖世太保首领海德里希奉命来到希特勒的私人别墅。别墅中的会客厅宽大而装饰华丽，地面铺着厚厚的地毯，宾客们的皮背靠椅沿房间的两边排开。主人的座位前面是一张用桃心木制成的宽大写字台，这是希特勒为自己专门设计和布置的。

此刻，希特勒正双臂交叉在胸前，手托尖下巴，仿佛这间屋子根本没有别人。在他的身后，海德里希努力挺直着有些前倾的腰杆，端坐在距希特勒3米远的宾客座位上。

在长达两个半小时的密谈中，海德里希详细地向希特勒介绍了苏联国防委员会第一副人民委员、苏联革命军事委员会副主席图哈切夫斯基元帅的情况，以及他按照希特勒的授意精心策划的阴谋。

"元首，我们完全可以利用这个机会，搞垮布尔什维克政权！这项工作早在一年前我们就已经着手进行了。"海德里希向希特勒建议。

"海德里希先生，你必须考虑清楚，是选莫斯科作为舞台，把图哈切夫斯基推出去作为牺牲品，还是在德国上演这出有趣的喜剧。"

希特勒对德国的前途和对统治欧洲乃至整个世界一系列重大问题的谈论，几乎是疯狂的、漫无边际的，但在谈到自己的近期目标时，常常吐露真言。

他毫不迟疑地宣称："对苏联军队的'斩首行动'必须立即付诸实施，一旦这个目的达到，我们就立即发起进攻，叫赤色苏联从地球上永远消失！"

但是，是把图哈切夫斯基出卖给斯大林，还是利用他推翻斯大林的统治，希特勒一直拿不定主意。海德里希始终坚持后者，他认为后者一旦实现，则既是一个副产品，又是一个非常好的收获。

因此他力陈利弊："元首，我很清楚，完全理解您的思想，只有推翻斯大林，才是最根本的解决问题的办法，这是'斩首行动'的最后结果。"

可是，希特勒不想冒这个险："推翻斯大林，我看不会那么简单。"他若有所思地说，"困难是有的，不过，至少可以给他制造点麻烦。搞垮他，效果也是同样的。"

希特勒已经意识到，斯大林正在酝酿一场清洗，从基洛夫被害开始的大规模镇压浪潮，必然会波及苏联军队。事实上，不久前苏联驻英国的武官普特纳突然奉召回国，旋即被捕，已经给希特勒发出了一个信号。

普特纳作为武官，曾在柏林、伦敦和东京同外国军界人士有过广泛的接触，此人正是图哈切夫斯基属下的军事外交专家。

"你会干这种事吗？海德里希先生。在苏联的内讧中，德国应该站在斯

大林一边！”希特勒说完，诡秘地笑了起来。

其实，希特勒之所以坚持把苏联军界作为这出戏的主角，还出于对图哈切夫斯基的某种恐慌心理。1935年，首批被授予苏联红军元帅之一的图哈切夫斯基，以第一次世界大战和国内战争的经验为基础，预见未来战争的性质和特点，提出了许多先进的现代作战观点和极其重要的理论。

更令希特勒恼怒的是图哈切夫斯基发表的一篇重要文章《当前德国的军事计划》，一针见血地道出了希特勒入侵的威胁，指出希特勒的野心不仅在于有反苏的锋芒，而且有旨在鲸吞整个西方的复仇计划。

不难想象，如果图哈切夫斯基的战略思想被苏联军方接受，将对希特勒

苏军浴血奋战（油画）

带来多么可怕的后果。为此，希特勒忧心忡忡。

"元首，'斩首行动'重在其首，而不在其身。难道就这样放过斯大林？"海德里希鼓足勇气发问，他还想继续为自己的诡计辩解。

"我相信你会干这种事的！我确信无疑！"希特勒按住海德里希的肩膀，用一种奇特的因兴奋而变得有些含糊的语调，开始谈论起他的个人打算，谈论起他怎样才能称霸欧洲，怎样统治世界。"这些，你不懂，是吗？"说话间，他仍旧激动不已，两只眼睛燃烧着贪婪、狂妄的炽烈火焰。

海德里希默默听着，一句话也不敢说。他已经十分确切地感觉到了，希特勒随着地位的上升，占有欲也在急剧膨胀，变得冷漠固执而不可接近。

但是，海德里希无可奈何，对希特勒必须言听计从，这是最明智的选择。"元首，我以您最忠诚的党卫军军官的名誉向您保证，一切将按照您的意志进行！"

"好吧，我的将军，上帝与你同在！"

海德里希"啪"地一个立正，行了个标准的举臂礼，转身出了别墅。

海德里希不仅是嗜血成性的刽子手，更是一个制造阴谋的专家。这些天里，他绞尽脑汁，继续按照希特勒的旨意，精心编造着令人震惊的诡计。

为尽快实施这项阴谋，海德里希召见了党卫队二级突击队大队长约克斯。在约克斯面前，海德里希沿着椭圆形的长长的会议桌边走边说道："约克斯，你现在的任务，是到新阵地上去寻找敌人。我们的目标是赤色共党的军事首脑，元首管它叫'斩首行动'。"

说到这，他的目光阴森森的，像刀刃露出冷冰冰的寒光，仿佛对一切都是残酷无情的。"党卫队要担当起这个历史重任，一个人要胜过国防军的一个师、一个军。"

约克斯是一个颇有名气的党卫军上校，由于某种潜在的能力，他始终受到希姆莱、海德里希的赏识和重用，在工作上他和高级将领直接来往，而且任何一次的重大行动都少不了他的参与。为此，他在同行中趾高气扬，专横跋扈。

海德里希告诉约克斯说："我们要制造一个假象，是要让苏联方面确信，在苏联高层有人组织了一个试图以暴力推翻斯大林的反对派，为首的反斯大林分子是苏联副国防人民委员图哈切夫斯基。"

"这与我们有什么关系呢？"约克斯一时没能理解上司的意图，并对从何处下手感到不解。

海德里希向约克斯和盘托出了希特勒的计划，之后说："你别忘了，我们的国防军与苏联红军历史上曾经有过一段蜜月时代，苏军将领与我们的将军们过从甚密。要是能把这个消息抛给斯大林，再制造出几份文件，增加点气氛，也许可以不战而一举摧毁苏军的指挥机构！你想过没有，苏联人一旦

上钩，他们将要为此付出多大的代价！"

海德里希挺直身子，激情溢于言表，显得有些迫不及待，"我们得马上开始行动！"

"这谈何容易。"约克斯心里明白，这不是一件容易的事情。"必须尽快把苏联元帅的资料搞到手，重要的是图哈切夫斯基的签名。"约克斯向海德里希要求。

"这不用你费神，你只要率领你的人竭尽全力地工作。这项工作我交给赫尔曼·贝伦茨。他随时听从你的调遣。"

海德里希知道贝伦茨是个非常能干的家伙，也相信他的能力，因此轻松地说："他会取得好的成绩。"

海德里希再一次向约克斯面授机宜，当即决定在柏林布吕克街设立专门机构，由约克斯负责制造假文件。这些阴谋在4天之后悄悄地展开了。

盖世太保
制造杀人 "毒箭"

　　海德里希提到的德国和苏联曾经有过的亲密接触是指20年前的往事。

　　1922年4月，苏联、德国两国代表在意大利的热那亚近郊召开会议。当时，遵循列宁利用帝国主义国家间矛盾的外交策略，苏联代表以积极的姿态做出了一些让步。最后，双方签订了《拉巴洛协定》，互相放弃了对战费和战时损失的赔偿；德国撤回了对苏联因颁布国有化法令而造成损失提出的有关赔偿要求；双方同意恢复两国邦交和采取最惠国待遇原则，以促进两国贸易。条约的缔结，突破了帝国主义反对苏联的联合阵线，加深了帝国主义国家间的矛盾。在这一时期，两国在军事领域也进行了秘密的交流与合作。

　　同年的4月24日，苏德签订了为期5年的《互不侵犯条约和中立条例》，两国的军事合作随之有了进一步发展。德军获准在苏联境内建立武器生产部门，同时，苏联则利用德国军官的经验和军事领导知识训练自己的武装力量，并加快了军事工业的改造。德国国防军的高级将领们对此由衷地感到高兴。

　　图哈切夫斯基作为红军的领导人之一，特别是1925年2月至1928年5月间，他担任红军总参谋长，与德军参谋总长冯·塞克特上将，以及后来的两位继任者都有过秘密的接触，这本是正常的，但现在，这些都成了阴谋家们利用的材料。

　　要想取得图哈切夫斯基的手迹以及有关材料，就必须得到国防军军事谍报局局长卡纳里斯海军上将的支持，因为图哈切夫斯基和其他苏军将领的信札原件全部封存在国防军最高统帅部军事谍报局参谋本部的机密档案室里。

海德里希真不愿意与卡纳里斯海军上将打交道，因为军事谍报局与自己的党卫队保安处隔阂很深，两人之间也积怨很久。但为了实现这次阴谋，他别无选择了，不得不亲自出马。

"局长大人，如果我们的工作能够得到您的帮助，我将非常荣幸。"海德里希满脸堆笑，极力克制着自己，并露出谄媚的目光。

卡纳里斯完全明白面前的这个人所要弄的把戏，他太了解海德里希的为人了。他只是冷冷一笑："老实说吧，你要图哈切夫斯基这些人的信件究竟干什么？"

海德里希也轻蔑地一笑："我并无所图，将军，我们只是了解一下国防军与苏联军队交往的历史。几天后我会原封不动地奉还给您！"

卡纳里斯没有马上回答，点上一支雪茄。他意识到这是一个阴谋，弄不好会牵连到自己头上。与海德里希多年交往的经验，使得他对此人始终防了一手，但是，拒绝他的要求，那也绝非上策。

卡纳里斯继续抽他的雪茄，连续猛抽几口，然后慢悠悠地转过身来，和颜悦色地说道："海德里希先生，请你相信我，对于你的要求，确实有小小的麻烦。这部分档案被那帮蠢货错放到贮存化学药品仓库的地下室里去了，门上装的是定时锁，必须到年底才能开启。如果强行开启，只怕会引起化学药品爆炸，那样的话，地下室里的所有文件恐怕也全毁了。"

卡纳里斯边说边极力装作一副很惋惜又无能为力的样子。海德里希明知对方在胡编谎言，却又无法反驳，只得愤愤地离开军事谍报局。然而，又一个阴谋出现在他的脑子里。

一个深夜，德军最高统帅部军事谍报局一幢7层办公大楼的窗口突然闪出一道红光，几分钟后，大火蔓延开来，吞噬了整幢大楼，滚滚浓烟犹如乌云闭月，火光映红了柏林的半个夜空。消防车载着消防队员来回穿梭，发出刺耳的尖叫。巡逻的宪兵、德国国防军士兵蜂拥而至，现场一片混乱。

清理检查的结果让卡纳里斯上将大吃一惊："档案处封存的一部分绝密文件丢失了。"

"这是严重的失职，我的将军，"希特勒暴跳如雷，指着卡纳里斯的鼻子一顿训斥，"你要对此负责，尽快查清！"

"是，元首，我一定查清！"卡纳里斯尽管感到莫名其妙，但希特勒的命令他不敢违抗。其后，他的确费了一番周折，然而，这起事件终究是个谜。

卡纳里斯做梦也没有想到，这出丑剧正是希特勒与海德里希合谋炮制上演的。

原来，当海德里希在卡纳里斯处吃了一颗软钉子后，为了绝对保密，便和希特勒密谋共同策划了这个纵火案。

当时参加这项活动的一共有5个人，为首的就是党卫队的贝伦茨中校，其他4名大盗全是纳粹德国国家刑警总部的在押犯。这些大盗都身怀飞檐走壁的

党卫队头子海德里希

绝技，制造的盗窃大案频频见诸报端，轰动德国乃至整个欧洲。

在贝伦茨的指挥下，这帮家伙很快就搞到了军事谍报局里海德里希想要的书信和文件，而卡纳里斯却始终被蒙在鼓里。

几天后，在柏林艾伯特亲王大街，也就是纳粹盖世太保总部所在地的一个秘密地下室里，海德里希设立了一座技术用具一应俱全的实验室，十多名语言学、逻辑学、心理学专家和印章专家，以及刚

从卡纳里斯军事谍报局借来的笔迹模仿专家，正在紧锣密鼓地炮制所谓图哈切夫斯基谋反的"专卷"。

在阴谋家的手中，"图哈切夫斯基及其同事们和德国最高统帅部将军秘密来往信件"、"图哈切夫斯基等人给德国统帅部出具的数额巨大的收款凭据"很快由虚无变成了现实。图哈切夫斯基"亲笔信件"中的笔迹、遣词造句习惯以及语气等，完全合乎那些真正出自他手笔的文章、信件。

很快，伪造"专卷"的工作顺利地完成了。文件和信件的每一页上，都煞有介事地盖上了德国最高统帅部军事谍报局的钢印和"绝密"字样的印章，德军十余名高级将领的德文缩写签字也跃然纸上，一切天衣无缝。海德里希顺利地磨砺好这支饱蘸剧毒的暗箭！

图哈切夫斯基
蒙冤被害

　　在一家舒适典雅的酒店里，常常聚集着许多外交使节和达官显贵。捷克斯洛伐克驻德国首都柏林的公使马斯特内也经常光顾这里。表面上看，他是一个外交官，背地里却是一名特工人员。这一年多来，希特勒一直在秘密进行着侵略捷克斯洛伐克的罪恶勾当，尤其在苏德台地区，苏台德德意志人党与纳粹党内外勾结，遥相呼应，一唱一和，威胁捷克政府，要求实行自治。

　　此时，捷克政府急欲了解苏德关系的现状和发展趋势，如果苏联站在德国一方，那就意味着捷克斯洛伐克在与德国的冲突中将得不到苏联的支持。于是，捷克政府命令马斯特内："不惜一切代价，摸清德苏动向！"

　　这天，他忧心忡忡，独自一人喝着闷酒，一脸愁相。

　　"别发愁，可爱的先生，把一切烦恼都忘掉吧！"一个叫贝丽尔的小姐来到他的身边，装作很关心的样子。

　　"你在想什么？马斯特内。"贝丽尔又一次娇嗔地问道，"也许我们是最后一次了。"

　　"出什么事了？"马斯特内面对女人的言语，不解地问。

　　"我真担心……"她低语道，"大家都指望苏德和好，真不要发生什么意外……"贝丽尔神色诡秘，欲言又止。

　　"我们似乎要单独待一会儿。"马斯特内急于揭开这个女人神秘的面纱。

　　"你终于同意了。"贝丽尔缓缓起身举起酒杯，脸上掠过一丝不易察觉的喜悦。

"德国人正在同苏联红军中一个反斯大林集团进行接触，柏林希望苏联政府出现内讧。"贝丽尔以暧昧的方式暗示着马斯特内。

这件事令马斯特内震惊不小，但他极力掩饰着自己的惊慌。

"亲爱的，这是绝密情报，但愿您守口如瓶！"贝丽尔煞有介事地说着，又将双臂搭在马斯特内有些僵硬的脖子上。

马斯特内也许无法想象，这个让他丢魂的女人，其实也是在奉命行事。贝丽尔虽然只有24岁，但她早已是盖世太保的一名成员，同时又是德国外交部的秘书。海德里希已指使她，在无意之中将图哈切夫斯基的绝密情报透露给马斯特内。

第二天，捷克斯洛伐克总统贝奈斯便得知了这一消息。他急匆匆地召见苏联驻布拉格大使亚历山德罗夫斯基，心急火燎地通报了马斯特内报告的内容……

3天后，法国政府在巴黎举行外交官招待会。席间，法国总理达拉第又向苏联大使波特金通知了法国得到的情报："大使先生，法国很担心，莫斯科有改变政治方针的可能。根据可靠情报，纳粹武装力量正与苏联某些红军将领之间达成推翻斯大林的协议！"

苏德台纳粹负责人柯瑞德·海宁

"这是谎言，总理先生，不要轻信上当！"波特金不露声色。可是，他的心里却掠过一阵惊悸。

10分钟后，波特金返回大使馆，用加急电报向莫斯科作了汇报。

原来，这些都是海德里希为了增加情报的可信度，故意施放的一个又一个烟幕。

丑恶的计划在顺利地实施，莫斯科在一步一步地走向陷阱。贝伦茨化名来到布拉格，通过德籍移民柏米与捷克总统贝奈斯联系，提出出卖图哈切夫斯基谋反"专卷"时，贝奈斯信以为真，立即电告斯大林。很快，贝奈斯的联络员与海德里希的代表直接接触，莫斯科的全权代表叶若夫也飞抵柏林。

希特勒为了使阴谋更加逼真，向苏联方面索价300万卢布。然而，苏联为此付出的不仅仅是一笔数目巨大的卢布，而是更耸人听闻的惨重代价。

1937年5月，图哈切夫斯基被解除了副国防人民委员的职务，任命为伏尔加军区司令员。这个极不正常的贬谪，不仅引起了外界的种种猜测，图哈切夫斯基本人也预感到了不祥之兆。人们无法想象，这个在五一节上还一身戎装陪在斯大林身边的红军元帅，怎么这么快就失去了斯大林的信任。

数日后，图哈切夫斯基偕同妻子尼娜·叶夫根尼耶夫娜来到莫斯科喀山火车站向战友们告别。

"元帅，请多保重！""一切都会过去的。"前来送行的战友、部下真诚地握住他的手，仿佛给这位尊敬的元帅注入战胜一切的力量。

"谢谢。"图哈切夫斯基竭力保持镇静，然而他的精神被摧垮了，昔日如炬的目光黯然失色。举手投足之间，一副因衰老而心力交瘁的病态。图哈切夫斯基挽着妻子的臂膀，步履蹒跚地登上了月台。

6月4日，伏尔加沿岸军区召开政治工作会议。图哈切夫斯基端坐在主席台上，他眉头紧蹙，脸色苍白而疲倦。此时，他正在作《关于军事训练的任务和当前的工作》的报告，这是他一生中的最后一次报告。随着一阵雷鸣般的掌声，图哈切夫斯基缓缓起身，向着台下深深地鞠了一躬。

会议刚一结束，图哈切夫斯基元帅立即被逮捕了。几乎在同一时间里，

苏联革命军事委员会扩大会议在莫斯科召开。斯大林公开揭露红军中的"反革命军事法西斯组织",号召彻底粉碎军人中的"反革命阴谋"。

当月,《真理报》发表了图哈切夫斯基等8名军事将领被捕、并交付军事委员会审判的消息。一切都进行得突然而迅速。次日,图哈切夫斯基和基辅军区司令员亚基尔、白俄罗斯军区司令员乌鲍列维奇、伏尔加军区副司令员帕里曼科夫、红军军事学院院长科尔克、红军干部部长费里德曼,以及埃捷曼、普特纳两位军长,全都因犯"间谍和叛国罪"被处决。图哈切夫斯基的战友、副国防人民委员戈马尔尼科,则在内务部人员前去逮捕时开枪自杀。

这次事件之后紧接着的"大清洗运动"致使苏联红军遭受了重大损失。从1937年下半年至1938年间,苏军失去了5名元帅中的3位,16名军区司令员中的14人,67名军团长中的60人,199名师长中的136人,计有35000名红军各级优秀指挥员被镇压。

至此,苏联红军元气大伤!希特勒为进攻苏联打下了削弱对方指挥力量的基础。

果然,时隔不久,希特勒就撕毁了和约,一度攻陷了苏联的大部分国土。

罪恶迷雾

第 二 次 世 界 大 战 纳 粹 真 相

《慕尼黑协定》的出笼

　　1938年9月29日至30日，英、法、德、意首脑张伯伦、达拉第、希特勒、墨索里尼在慕尼黑会议上签订《慕尼黑协定》。这个协定使捷克斯洛伐克丧失了1.1万平方英里的领土、360万居民和许多经济资源，破坏了英、法在东欧的同盟体系，加强了纳粹德国的经济和军事实力，助长了德、日、意法西斯的侵略气焰。这四国为什么会签订这样的协定，它是怎样出笼的？

德国纳粹党
操纵苏台德骚乱

　　纳粹上台5年后的1937年，德国的实力和军备都已经取得了欧洲大陆的领先地位。纳粹头子希特勒认为，德国的未来不能靠经济上的自给自足，也不能用在世界工商业中增加份额的办法来保证，而是要依靠地域的扩张，来争取"生存空间"。因此，解决的方法就是扩张德意志帝国的疆界。

　　1937年11月5日下午，柏林举行秘密会议，决定德国未来的政策。会议的结论是，扩张的第一步就是要立即调整纳粹德国，使其扩张到中欧。因为德国能够从那里取得粮食供应、原料和人力，作为进一步向东、向波兰和乌克兰富饶的土地进行军事侵略的准备。因此，必须把奥地利和捷克斯洛伐克弄到手，作为进一步侵略的前提。

　　1938年3月，德国以不发一枪的所谓"和平"方式吞并奥地利，并将其划为德国的一个省。对奥地利的吞并，使德国的领土扩大了17％，人口增加了10％，工业生产能力提高了4%至5％，播种面积提高30％。德国也由此控制了中欧的战略要地，并且在公路、航运、铁路各方面达到了对整个西南欧的交通进行军事上、经济上的控制，形成了对捷克斯洛伐克的战略包围。

　　在希特勒轻而易举地取得了战略上的成功时，英、法、美等西方大国对此除了故作姿态的虚弱抗议之外无所作为，至4月初，英、法、美相继承认了德国对奥地利的吞并，撤回了驻奥地利使馆而代之以驻维也纳领事馆。

　　西方诸国的反应鼓励了希特勒的野心，他把扩张的下一个目标直指捷克斯洛伐克。而且，希特勒选定的突破点是苏台德地区日耳曼少数民族问题。

　　捷克斯洛伐克是一个多民族的国家。在1400多万人口中，捷克人和斯洛

伐克人共有950多万。此外，国内还有500多万少数民族，其中又以日耳曼民族为主，当时，捷克境内的日耳曼人大约350多万，集中居住在捷克西部与德国接壤的苏台德地区。

　　苏台德地区位于波希米亚和摩拉维亚地区的边境，是一个山区，居住着近300万讲德语的日耳曼人。生活在这一地区的日耳曼人除了在历史上曾经做过罗马帝国的臣民之外，从来没有处于德意志帝国的统治之下。第一次世界大战后领土重新划分，该地区划归捷克。虽然历史上没有接受过德意志帝国的统治，但日耳曼民族属性的认同感仍然受到了刺激。

　　毕竟与以日耳曼人为主体的奥匈帝国不同，在捷克斯洛伐克，他们成了少数民族。但是，即使这样，在划归捷克斯洛伐克的头15年，苏台德地区的日耳曼人还是很少制造麻烦的。他们也确实得到了比中东欧其他少数民族较好的待遇。

　　然而，自从希特勒上台以后，日耳曼民族的优越感和纳粹思想的渗透，

德国入侵（模拟场景）

使得原有的不满情绪像火山一样爆发了。

苏台德德意志人党和该党的领导人汉莱因把纳粹德国作为所有日耳曼人的保护者，而抛弃了对所在国捷克斯洛伐克的认同。同时，在柏林面前，则又把自己打扮成捷克境内被压迫的少数民族的卫士，并继而提出了苏台德日耳曼人自治的要求。这一点正好和希特勒的扩张政策合拍，为希特勒吞并捷克提供了最好的借口。

1938年3月28日，希特勒在柏林接见了汉莱因，就在这次会见中，希特勒和汉莱因讨论了新行动的基础。

希特勒说："德意志人党现在必须认识到它已经获得了一个有7500万人的日耳曼民族的支持，7500万人不能容忍捷克斯洛伐克政府继续压迫苏台德地区的日耳曼人。因此，德意志人党必须认识到自己的责任，并且要在伟大的解放运动中演好自己的角色。德意志人党的任务是向布拉格政府提出必要的要求，保证该党得到它所向往的特权。"

4月24日，汉莱因在卡尔斯巴德提出了苏台德地区日耳曼少数民族的"合理要求"——《卡尔斯巴德纲领》。这个纲领不仅包括了苏台德地区德意志人自治的苛刻条件，而且为进一步向捷提出领土要求打下了基础。它的要点主要包括：

> 不承认德意志人在捷克斯洛伐克的少数民族地位，要求德意志人和捷克人完全平等；通过立法在苏台德地区建立一个德意志区，实行完全自治；德意志区全部官职由德意志人担任；结束苏台德德意志人自1918年以来所遭受的不公平待遇，释放纳粹政治犯等。

而且，汉莱因还在以后的讲话中表示，捷克斯洛伐克必须完全改变其与法苏结盟的对外政策，废除它同法国、苏联所签订的盟约，转而完全依附于德国。

汉莱因明确提出要求："捷克斯洛伐克政府必须完全改变其对外政策。"因为他认为，"捷克迄今为止的外交政策已把该国置于与日耳曼民族为敌的地位"。

这些所谓"合理要求"是由捷克斯洛伐克日耳曼少数民族自己提出的，而不是由德国直接提出来。这一点对希特勒非常重要。因为这样，一旦布拉格政府拒绝这些要求，希特勒就可以以"所有日耳曼人的保护者"的身份出现，实现他的扩张计划。但是，捷克斯洛伐克是不会同意的，哪怕是作为谈判的基础也不会答应。

捷克斯洛伐克政府对汉莱因所能做出的让步不能使柏林满意，这是希特勒早已预料到了的。因此，在3月末苏台德地区的问题首次提出来之后，德国就一直没有放弃对捷克进行军事占领的决心和准备。从5月开始，希特勒在德、捷两国边境集结军队的意图和行动都日益明显和加强，中欧的局势骤然紧张起来。

虽说在中欧地区，捷克斯洛伐克是工业相对发达的国家，但面对强邻，并没有足够的军事实力来自我保护，因此只好把国家的安全寄托在集体安全体系之上。为此，捷克斯洛伐克想通过与法国以及苏联等国签订一系列的"条约"，为国家构筑一个安全的堡垒。

英法出卖他国利益
避免冲突

　　捷克斯洛伐克是国际联盟的成员国，根据《国联公约》第十六条的规定，当它在受到武力威胁时，无论威胁来自何方，都将得到国联及其成员国全面、充分援助的保证，其中包括英国和法国。

　　遗憾的是，无论条约还是盟国都没有给捷克带来真正的安全保障。除了苏联以外，没有一个国家在这场紧张局势中明确表示并认真准备在事件发生时会给捷克以应有的援助，没有一个国家愿意为一个小国的利益大动干戈。

　　在苏台德危机爆发后，苏联向捷克提出，即使法国不援助捷克，苏联也准备履行自己的条约义务。然而，捷克最终并未接受。捷克斯洛伐克总统贝奈斯最终之所以决定接受慕尼黑的条款，而不想单独战斗或是在苏联作为唯一盟国的情况下进行战斗，主要是因为他不愿意使自己的国家遭受对德战争所造成的破坏和大量的人员伤亡。他并且认为，如果苏联参战，西方就会认为捷克是使中欧布尔什维克化的工具，并会在一场德苏战争中撒手不管。

　　法国和英国在德国对奥地利的吞并刚刚过去一个多星期，苏台德地区的问题刚冒出头来时，就对此进行了磋商。两国的态度是一致的。当然，法国在理论上表示他们准备保卫捷克斯洛伐克以示尊重他们的条约义务。但是，实际上他们却根本没有做好应战的准备，这一点是法国军事首脑明确指出来的。

　　他们曾经严肃地警告说，法军的主要力量和多数资源都放在沿法国东北部边境的马奇诺防线上。它并不具备在自己国境之外进行一场战争的条件。这当然是法国防御性战略决策的结果。

英国和捷克斯洛伐克之间没有明确的条约义务。而且，他们也根本不想打仗，不想在中欧地区为了一个遥远小国的利益打仗。英国首相张伯伦反对一切不由英国政府自主做出的参战决定，对可能将英国拖入战争的中欧动荡局势甚为恐惧。所以，当他和法国总理达拉第及其同僚们进行磋商的时候，就很容易找到共同语言了。

双方为寻求苏台德危机的"和平解决"，不惜采取妥协与绥靖的政策。1938年4月，达拉第前往英国与张伯伦磋商。张伯伦对达拉第说，英国是不会为捷克斯洛伐克作战的，并劝法国也这样做。

张伯伦和达拉第都认为，希特勒的全部要求，只不过是为他在捷克斯洛伐克境内的同胞"伸张正义"而已。张伯伦甚至说："希特勒要求的是民族自治，而不是征服。"

英法两国商定，由英国政府出面警告德国"充分了解到自己所作所为的危险性"，同时，两国政府又在布拉格采取联合外交行动，促使捷政府向德国做出更大的让步。

为此，一方面英法表示在任何情况下他们都不会卷入军事冲突；另一方面，在5月7日，两国驻捷公使正式要求捷政府与苏台德德意志人党达成"全面的持久的解决方法"。

希特勒并没有张口，英法两国政府对捷克斯洛伐克政府的压力却一天比一天沉重。他们要捷克斯洛伐克给予苏台德日耳曼人以更大范围的让步。布拉格终于顶不住各方面袭来的压力，宣布赦免了1200名纳粹政治犯，同时，在苏台德地区允许汉莱因实行选举、扩大日耳曼民族的权利等政策。

但是，在柏林的授意下，汉莱因以政府拒绝苏台德地区完全自治为由，于5月19日突然中断了同捷政府的谈判。同一天，德国报纸报道了军队调动的消息，德军4个摩托化师已在捷克边界集结，并且做好了袭击波希米亚的全面准备。

英法两国政府对德要用武力和武力威胁解决苏台德问题，不惜破坏欧洲的稳定的做法感到极度不安。英法决定对德国施加压力和影响，以迫使德国

在英法能够接受的范围内行事。也就是说要通过妥协，在不动用武力的情况下解决问题。因此，在以后的48小时内，欧洲出现了1914年8月以后最繁忙的外交活动和最紧张的军事准备，这是英、法、苏和捷克团结一致抵抗德国侵略的最后一次表现。

面对德国的挑衅，捷克斯洛伐克政府于5月20日发布"部分动员令"，征召后备役人员和某些技术人员入伍。5月21日，法国外长发表谈话指出，如果德军入侵捷克斯洛伐克，法国将履行《法捷互助条约》的义务。

同一天，英国驻德国大使也对德国外长表明，如果法国履行《法捷互助条约》的义务，英国政府不能保证

● 集结的摩托化师（模拟场景）

世界大战
纳粹真相

在事件的压力下不会介入。英国外交大臣哈里法克斯说得更加干脆：“德捷战争就意味着法德战争，因而也许或迟或早成为英德战争。”

在此期间，苏联政府也多次发表声明，要同法国和捷克斯洛伐克一起采取一切措施，以保证捷克斯洛伐克的安全。苏联最高苏维埃主席团主席加里宁甚至公开声明：“互助条约不禁止每一方提出援助，无须等待法国。”

捷德边境的对峙引起的国际紧张局势，形成了所谓的“五月危机”。

在这次危机中，英、法、捷、苏虽然立场不同，出发点不同，但是在抵制德国采用武力威胁一个小国、破坏整个欧洲的和平与稳定这一点上，有着某种共同的利益。

在这种情况下，希特勒的顾问们一致

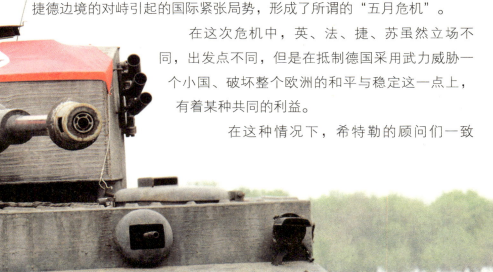

认为有必要实行政治退却。他们提醒说，德国军事机器能够在不遇抵抗的情况下进军奥地利，但其准备状况却不足以在两条甚至三条战线上同时作战。

在多方的压力下，希特勒才指示外交部告诉捷克斯洛伐克公使，德国对捷克斯洛伐克没有任何侵略意图，德军在德捷边界集结的传闻"毫无根据"。26日，汉莱因奉希特勒之命恢复了同捷政府的谈判。"五月危机"得以暂时缓和。

英、法两国在"五月危机"中所表现的较强硬的立场，并不意味着它们放弃了既定的绥靖战略。他们的目的仍是不惜任何代价维持"和平"。

因此，至7月26日，张伯伦派沃尔特·伦西曼勋爵以"非官方身份"赴捷充当苏台德德意志人党与捷克斯洛伐克政府的"调解人"，为英法"普遍的绥靖"政策开辟道路。伦西曼奔走于苏台德和布拉格之间，不断胁迫捷克斯洛伐克政府，企图以肢解捷克斯洛伐克为代价达成英德妥协。

为了赢得国际舆论的同情和支持，贝奈斯总统做出了最后的让步。除了拒不接受捷克斯洛伐克应该扭转其外交政策这一要求外，贝奈斯总统几乎答应了苏台德德意志人党所有的要求，甚至包括在一个民主的捷克斯洛伐克共和国中为一部分居民建立一个法西斯的政权。

贝奈斯总统把这个妥协计划交给英国方面的时候，在一份随文附送的照会中说得非常清楚，这个最后的让步是他以及他的政府在英、法外交代表的直接压力下做出的。

但是，他的看法是：

由于柏林政府的众所周知的计划以及汉莱因党的目标，这项建议德国人不见得会接受。

9月7日清晨，在莫劳斯卡-奥斯拉瓦的一次游行示威中，一个苏台德德意志人党的代表与一名捷克骑警发生了冲突，据说骑警用马鞭抽打了那个代

表。这就足以作为借口了。

苏台德德意志人党全面中断同捷政府进行的谈判，在苏台德地区煽起了民众骚动。直至9月15日，苏台德地区的肉搏战才平定下来。就这样，捷克政府做了巨大让步的谈判，以苏台德德意志人党对他们自己突然得到的胜利成果感到惊慌而告终。

9月7日，贝奈斯总统在《泰晤士报》上读到了这样一项建议，要捷克斯洛伐克再作牺牲，牺牲的代价是连苏台德德意志人党本身都从未提出过的，即割让领土给德国。这是英、法决定不惜牺牲捷克斯洛伐克的利益来避免与德国冲突做出的举措。

不久，张伯伦受法国之邀，同时也代表英国火速赶到德国，同希特勒商谈"寻求和平解决的办法"，经过磋商，张伯伦带回了希特勒要求的、按照民族自治使苏台德德意志人地区脱离捷克斯洛伐克的基本原则。

9月19日，张伯伦返抵伦敦后的第一件事就是，立即同法国政府共同起草了《对捷克斯洛伐克的最后通牒》，并送至捷克斯洛伐克政府。

《通牒》声称：

> 捷克斯洛伐克如果不立即把主要是德意志人居住的地区割让给德国，和平的维护和捷克斯洛伐克切身利益的安全，便不可能获得切实的保障。

英、法政府表示，在捷克斯洛伐克做出如此巨大的牺牲后，它们同意参加对捷克斯洛伐克新疆界的国际保证。但同时，他们也直接威胁说，如果捷克斯洛伐克不改变态度，法国"将不履行它的条约义务"，英国也将"置身事外"。

9月21日，无可奈何的捷克斯洛伐克政府照会英、法政府，声称："捷克斯洛伐克政府为时势所迫，不得不对这种毫无商量余地的劝告表示让步，只好以沉痛的心情接受法、英两国的建议。"贝奈斯总统在向国民演讲时悲愤

地说："我们没有别的选择，因为我们被抛弃了。"

至此，张伯伦带着英、法两国的建议及捷克斯洛伐克的屈辱条约，再次飞到德国，准备与希特勒进行第二次会谈，但是，张伯伦被当头泼了一盆冷水。

希特勒又提出了新的要求：

> 德意志族占居民50%以上的地区，由德国进行军事占领；德意志族不占居民多数的地区，应由"公民投票"决定其归属；同时还要捷克斯洛伐克满足匈牙利和波兰所提出的领土要求。

张伯伦虽然对希特勒的出尔反尔、贪婪蛮横感到震惊和气愤，但他更害怕德捷冲突会把英法卷入战争，并且担心他以个人名誉担保要维护和平的努力失败；于是他答应把希特勒新的苛刻条件再转交给捷克斯洛伐克政府。

希特勒的贪婪要求在整个欧洲引起了强烈反响。捷克斯洛伐克全国掀起了抗议的浪潮，要求政府抵抗侵略。25日，捷克斯洛伐克驻英公使向英国首相递交了拒绝照会，随后发布了战争动员令。

9月20日、22日和23日苏联政府多次声明：

> 苏联将按照互助条约的规定承担义务，对捷克斯洛伐克提供有效的援助。

为此，苏联在西部集结了30个步兵师，并且命令空军和坦克部队进入战备状态。9月25日，法国政府宣布，如果捷克斯洛伐克遭到攻击，法国将履行法捷条约的义务向捷提供援助，并于27日宣布部分动员。

在国内外反对意见的压力下，张伯伦也不得不向希特勒发出"警告"：

张伯伦和希特勒

法国政府已经通知我们，如果捷克人拒绝那份备忘录，而且德国向捷克斯洛伐克进攻，他们就要履行其对捷克斯洛伐克的条约义务。要是法国军队因此而转为与德国交战，我们觉得有义务支援他们。

欧洲的局势又紧张起来。在紧张之中，希特勒一方面对捷克斯洛伐克及其领导人大肆攻击、谩骂和威胁，并且蛮横地限定捷克斯洛伐克政府必须在9月28日下午14时以前接受德国的要求；另一方面又别有用心地对英、法摇动橄榄枝，声称德国并不希望和英、法打仗，并感谢张伯伦争取和平的努力，重申这是他在欧洲的最后一次领土要求。

张伯伦从德国回来之后，仍执意向希特勒退让。他表示："不论我们多么同情一个强邻压境的小国，我们总不能仅仅为了它的缘故就不顾一切地把

整个大英帝国拖入一场战争。"因此，他两次致电贝奈斯，要求捷方接受德国人对苏台德地区"某种有限度的占领"。他还威胁说："这个计划如果不被采纳，取而代之的就只有武力入侵、武力肢解这一条路。"

就在这种微妙的情况下，德国的法西斯朋友出来救场了。意大利总统墨索里尼提议，召开一个有英、法、德、意四国参加的国际会议。

9月28日，希特勒同意了这个建议，并且发出了邀请。29日，张伯伦第三次飞往德国，在慕尼黑同达拉第、墨索里尼、希特勒讨论肢解捷克斯洛伐克的方案。

同一天，苏联政府也提出了建议，立即召开国际会议，讨论防止侵略和避免新的大战的措施。但是，无论在英国还是在德国心目中，都在有意地排斥苏联，不让其参与解决欧洲的政治问题。

英、法、德、意四国领导人在慕尼黑的谈判基本是一边倒，协定完全是按照希特勒的要求做出的。捷克斯洛伐克作为当事国，它的代表虽然也被召到了慕尼黑，但却一直被排斥在会议之外。

捷克斯洛伐克的代表之一马萨里克博士后来在他的文章里就当时的情况描述道：

> 9月29日晚上22时，英国代表霍拉斯爵士把新计划的要点告诉了我们，并交给我们一张地图，上面标明了将要立即被占领的地区。
>
> 我提出了反对意见，对此他两次斩钉截铁地说，他对于他所讲的话，没有什么可补充了。我们就对于我们来说极为重要的那些地方和地区发表了意见，他对这些意见毫不在意。最后，他回去开会了。

4个小时后，捷克斯洛伐克代表接到了四国达成的协定。

马萨里克博士在他的文章里写道：

030

第二次
世界大战
纳粹真相

一个法国人用一种十分粗暴的态度向我们解释说，这是一项无权上诉、也不可能改变的判决。

面对《慕尼黑协定》，捷克斯洛伐克的代表很清楚，1918年边界所确定的捷克斯洛伐克共和国已不复存在了。当布拉格正在沉痛地发表公告时，英国、法国、德国、意大利则是一片欢欣鼓舞的景象，人们沉浸在一种残酷而短视的欢乐中。

正如丘吉尔就德捷问题上评价张伯伦一样：

让你在战争与耻辱之间做一抉择，你选择了耻辱，而你将来还得进行战争。

英法在狂欢不到半年，希特勒就撕毁了协定，发动了第二次世界大战。

罪恶迷雾

第 二 次 世 界 大 战 纳 粹 真 相

苏德条约的幕后故事

　　1939年8月23日，苏德在莫斯科签订了《苏德互不侵犯条约》，该条约划分了苏德双方在东欧地区的势力范围，约定了彼此的权利和义务。对苏联而言，英、法是"老牌帝国主义国家"，意识形态冲突显而易见，而纳粹德国的崛起更是直接威胁到苏联的国防安全。那么，斯大林为何要与纳粹德国签订所谓的"和平条约"，幕后究竟有哪些难以告人的秘密呢？

苏德签订
"互不侵犯"条约

1939年8月15日晚上20时，德国驻苏联大使舒伦堡求见苏联外交部长莫洛托夫，向他转达了希特勒的意图，称德国外交部将到莫斯科谈判，以解决苏德关系紧张的局势。

此时的苏联已经注意到德国在欧洲的侵略意图，并十分焦急地想和其他几个欧洲大国，像英国、法国等建立同盟，以阻止德国继续扩张，确保地区的和平与稳定。但是英法两国仇视新生的社会主义国家，因此，苏联几次提出的建立同盟的建议，都碰了"软钉子"。

莫洛托夫的前任李维诺夫始终都在尽力拉拢、联合以英法为代表的西方国家，争取签订一个通过集体协议来达到反侵略目的的和平计划。

然而，西方国家对他不屑一顾，李维诺夫的努力归于失败，斯大林一气之下免去了他的外交部长职务。

现在，德国人首先向苏联伸出了"橄榄枝"，使新外交部长莫洛托夫异常高兴。

在会见德国代表舒伦堡时，莫洛托夫向舒伦堡提出在两国之间签订一项互不侵犯条约的建议，并希望德国能利用其对日本的影响力从中斡旋来改善苏日关系，消除两国边境上的冲突，并谈到波罗的海国家的安全是不是能由苏德联合担保等问题。舒伦堡听了苏联的建议，暗暗高兴，因为这些想法正是希特勒所希望的。

希特勒认为：只有使苏联置身于事外，他才能放心大胆地进攻波兰，而无须害怕苏联的干涉。那样的话，英国和法国就会不寒而栗，纳粹德国的版

图就会无限膨胀。

舒伦堡根据希特勒的指示转达了德国无条件接受苏联方面建议的态度。他告诉莫洛托夫："德国准备同苏联缔结一项互不侵犯条约，而且，如果苏联政府也有同样愿望的话，这项条约的期限可以定为25年，期满以前不得废除。德国还准备同苏联共同担负起对波罗的海各国的安全担保。德国也愿意发挥自身的影响来改进并巩固苏日两国的关系。"

得到德国的承诺之后，莫洛托夫拿出苏联政府对纳粹德国外交部长来信的回复。这份答复一开始就追溯了纳粹政府之前对苏联的敌视行为，并且说："直至最近以前，苏联政府一直都认为德国政府是在找机会同苏联发生冲突，更不用提德国政府利用所谓反共公约努力建立而且已经建立了包括一些国家在内的反苏联'统一大战线'这件事了。"

莫洛托夫解释说："正是由于这个理由，苏联才参与组织一个反对德国侵略的联合防御阵线。"

莫洛托夫接着指出："虽然如此，如果德国政府现在要对过去的政策进行改变，准备认真改善同苏联的政治关系的话，苏联政府表示欢迎，并且准

斯大林（左二）接见德国外长里宾特洛甫（右一）

备在自己这方面修改政策，以便认真改善对德关系。"

苏联政府认为德国这样一个愿望要通过"认真而实际的步骤"来做到，而不能像德外长里宾特洛甫建议的那样步子跨得太大。

希特勒接到这个报告后，认为这是一个非常重要的信号。8月18日，他给舒伦堡大使发去了由外长里宾特洛甫署名的"特急"电报。要求"立即安排再次进见莫洛托夫，告诉他，德国外长立即动身前往莫斯科。并将带着元首的授权，最后全面地解决问题"。

希特勒遥控苏德谈判，心急如焚，因为德国进攻波兰已经是箭在弦上，他需要莫斯科的态度，因为莫斯科的态度是德国能否顺利占领波兰的前提，也是在此之前必须要解决的问题。希特勒和里宾特洛甫焦急地等待着莫斯科的决定，但是，莫斯科方面却始终没有给予正面的答复。

8月19日晚上，希特勒望眼欲穿的苏方回音终于来了。舒伦堡汇报说，在有关两国全面贸易谈判协议上，苏联方面有意拖延，不肯在协议上签字，原因大概是政治上的因素。当天苏联外长接见了德国大使，并将苏联人起草的苏德两国互不侵犯条约草案交给德国方面，还说只有在两国签署了贸易协定的一周后，德国外长才能到莫斯科访问。

苏联人的态度让希特勒十分恼火，但为了全盘计划，他不得不放下架子去和斯大林打交道。8月20日，他给斯大林发去一封电报，由德国驻莫斯科大使立刻转交给苏联外长莫洛托夫。

电报说：

我衷心地欢迎新的德苏商贸协定的签字，认为它是改变德苏关系的第一步。同苏联签订互不侵犯条约，对我来说意味着确立德国长期政策。德国从此将恢复过去若干世纪中对我们两国都属于有益的政治方针。我接受你的外交部长交来的互不侵犯条约草案，但是认为迫切需要尽快地澄清与之有关的问题。

关于苏联方面所希望的补充议定书的内容，我想如果能有一

《苏德互不侵犯条约》在莫斯科签订

位负责的德国政治家到莫斯科谈判的话，我深信在最短的时间里就能得到澄清。如若不然，德国政府就无法明白，这项议定怎样才能在短时间内澄清内容并得到解决。

8月21日晚上21时，莫斯科来电同意里宾特洛甫访苏。

8月23日夜里，斯大林在冷淡的气氛中接见了德国外长里宾特洛甫，他们共同商定了协议的文本。为了向苏联方面表示友好，里宾特洛甫在文本的前方特意加上了有关德苏两国形成友好关系的重要文字。

而斯大林却表示了反对。他说："苏联政府不可能在双方敌视仇恨这么多年的今天，突然之间把一项德苏友好宣言拿到群众面前来。"

斯大林和希特勒的心里都十分清楚，两国之间不会有真正的和平外交，之所以签订互不侵犯条约只不过是两国为自身利益而不得不为之的权宜之计。

条约中规定：

　　双方保证绝不单独或联合其他国家进行任何侵略行为或者任何攻击；如果缔约一方成为第三国敌对行为的对象时，缔约另一方将不给予该第三国任何支持，缔约任何一方将不加入直接或间接旨在反对另一方的任何国家集团。

　　这个条约的签订，使希特勒出兵波兰没有了后顾之忧。除此条约外，苏德双方代表还在划分东欧的势力范围问题上达成了《秘密附属协定书》：

　　在芬兰、爱沙尼亚、拉脱维亚、立陶宛等波罗的海国家所属地区发生领土上或政治上的变动时，立陶宛的北边疆应成为德国和苏联两国势力范围的边界。双方承认立陶宛在维尔那地区的利益。在波兰所属的地区发生领土或政治上的变动时，德国和苏联的势力范围将大体上以那雷罗夫河、维斯瓦河一线为界。

　　关于东南欧，苏联政府提请注意它在此处的利益，德国方面宣布，它对此地区在政治上没有任何兴趣。

波兰沦为
大国博弈牺牲品

　　德苏条约的签署和发表，使德国的盟友大发雷霆，墨索里尼和佛朗哥公开表示不同意。日本政府更是大加反对，因为日本已经在中蒙边境同苏联开战，他们正准备大规模推进。

　　英国保守党对德苏条约的签署也大动肝火，他们第一次叫嚷要杀死希特勒。但是，以绥靖思想为国策的张伯伦除了继续妥协外，没有任何新的举措。他只是以欧洲大国代表的身份做出姿态说，英国将会承担波兰的安全保障。然而，希特勒对张伯伦视若无物，不仅将他的话当成耳旁风，而且还加快了进攻波兰的步伐。

　　德苏两国互不侵犯条约的签署，使希特勒得以腾出手来，轻松惬意地大举入侵波兰。苏联从中得到了好处，他们赢得了一块波兰的土地作为他们的疆界，以便在遭到麻烦时起缓冲作用。但后来的事实证明，这并没有给苏联带来任何作用和好处。

　　《苏德互不侵犯条约》签署后，苏联赢得了短暂的和平，并成功地阻止了西方国家想利用德国占领波兰的同时"把战争转向苏联"的阴谋。

　　有一位苏联外交家当年曾经向美国作家斯特朗说过：

　　要是没有《苏德互不侵犯条约》，我们现在就会受到德、意、日轴心国从欧洲和亚洲的两面夹击。英法两国会据守马奇诺防线并且资助希特勒。美国会成为"日本的兵工厂"来反对我们。签订了这个条约，我们就在纳粹德国、日本和英国等国之

间引起了矛盾。我们分裂了法西斯世界的阵营，我们将不用对整个世界作战了。

斯大林也早已注意到了当时的严峻形势，他知道希特勒就要打仗了。他决定苏联不能被别人骗到单独对德作战的倒霉局面中去。如果同西方国家结成同盟的希望不能实现的话，只能联合希特勒，同西方仇恨苏维埃共和国的国家对抗。

斯大林的这个愿望后来果然实现了，丘吉尔在他的《第二次世界大战回忆录》中写道：

斯大林同希特勒做交易一举，固然足以令人齿冷，然而在当时是最高现实主义的。斯大林的首要考虑，就同任何国家政府首脑考虑的一样，是他自己一家的安全。

斯大林（塑像）

罪恶迷雾

第二次世界大战纳粹真相

制造进攻波兰的口实

1939年9月1日4时45分，德国出动62个师、160万人，陆、海、空三军同时出动，大举入侵波兰。10月6日，波军全军覆没，德波战争结束。希特勒自上台后，就虎视眈眈想夺取这块在一战后被分割出去的"肥肉"，如今终于实现了自己的愿望。然而，入侵他国是要受到国际制裁的，希特勒在战争初期，为了掩饰自己的意图，采取了种种阴谋手段……

海德里希派人
捣毁反纳粹电台

　　第二次世界大战是以1939年9月1日纳粹德国入侵波兰开始的，那么，德国是怎样找到入侵波兰的借口的呢？这里面牵扯到纳粹德国的党卫队头子海德里希。

　　海德里希生于1904年，他的父亲是一所音乐学校的校长，母亲是歌剧院的演员，因此，他从小在音乐方面受到了良好的教育，以致后来当了盖世太保头子后，下班回到家里也经常用弹奏乐器来消除疲劳。

　　1920年，德国因连年战争和经济大萧条，到处是一片混乱，16岁的海德里希不得已出外谋生。他先是加入了一个自由团组织，后来又选择了当兵。他靠自己聪明过人的头脑成为海军训练学校士官生，毕业后成为一名海军少尉，两年后晋升为中尉。这一年他刚刚22岁。

　　海德里希从小就对政治怀有浓厚兴趣，能作为海军少尉对他来说，未来的路无疑充满了希望。然而，两年后由于一个偶然事件得罪了上司，经海军有关部门一番审理之后把海德里希开除出了海军。

　　海德里希在社会上浪迹了一段时间后，经人介绍投奔了希姆莱。希姆莱当时正决定重新组建党卫队保安处，与海德里希短暂的谈话，使希姆莱十分喜欢这个头发金黄的年轻人。于是便把这项任务交给了海德里希，与此同时，还任命海德里希为冲击团上校队长。

　　从此，海德里希平步青云，官儿越做越大。党卫队的情报机构也是在海德里希的努力下，从无到有，从小到大，最后成为纳粹德国最大的情报机构。可以说，没有希姆莱就没有海德里希，而没有海德里希，党卫队就不会

有后来异常庞大的情报机构。

海德里希对党卫队保安处的工作很卖力，希姆莱比较满意。1934年，希姆莱就把这个投奔到自己门下还不到5年的年轻人，放在了盖世太保的最高位置上。

1934年，希特勒的助手赫斯代表希特勒宣布，党卫队保安处是党内唯一的情报机构，不容许党内再有其他机构从事谍报活动，至此，海德里希在纳粹党内的情报机构中的地位更加巩固了。

1936年，海德里希经过努力，由他担任处长的党卫队保安处如愿以偿地扩充为保安局，海德里希任党卫队保安局局长。在此之前，海德里希领导的党卫队保安处和卡纳里斯领导的军事情报局签订过协议，保安处的情报机构不插手国外情报事务。

海德里希由保安处长升任局长之后便有了更大的野心，他不甘心仅在国内从事情报活动，他要插手国外情报。海德里希第一次直接插手国外情报的事件，是派人捣毁了捷克境内的一个反纳粹的电台。

设立于捷克首都布拉格近郊的这个电台名为"黑色电台"，在当时是众多反纳粹的电台中影响比较大的一个。对此，希特勒恨得要命，必欲除之而后快。海德里希得悉希特勒的意图后，早已把他与从前的上级卡纳

二战时期的电台

里斯签订的协议置之脑后。

海德里希通过在捷克的情报人员提供的线索，了解到"黑色电台"的负责人名叫福米斯。他原是德国一家广播电台的技术领导人，后与一个反纳粹组织的领导人施特拉塞一起跑到捷克去的。

这天，海德里希把保安局局长助理、党卫队二级突击队中队长约克斯叫到办公室，让他想办法把远在捷克的专与纳粹为敌的福米斯弄到柏林来。约克斯受领任务后化装成一个商人，与自己从事舞蹈事业的女友一同来到布拉格。约克斯的确是一名干练的特工人员，他没费多大劲便找到了"黑色电台"的准确地点———家旅馆的某个房间。但是他并没有马上行动，而是带着自己的女友在布拉格玩了个痛快后，才向海德里希汇报已经找到目标。

在得到海德里希行动的命令后，约克斯才悄悄地搬进了"黑色电台"所在的那家旅馆，并神不知鬼不觉地偷配了一把"黑色电台"所在房间的钥匙。当天夜里，约克斯按照事先约好的暗号接来另一个名叫格奇的纳粹间谍。约克斯如此这般地向后来的间谍耳语了一番后，两人随即开始行动。

他俩蹑手蹑脚地来到福米斯的房门口，约克斯把配好的钥匙快速插入锁孔。他们原以为主人不在，谁知里边随即传出福米斯的问话声，约克斯情急之下伪装成服务员的口气说："给您的房间摆肥皂。"

毫无准备的福米斯刚一打开房门，约克斯和格奇便猛地向他扑了过去。

福米斯感觉到大事不好，快速地把手伸进怀里，想掏出枪来。

然而，约克斯的枪已经响了，福米斯当即倒在了血泊之中。之后，两个间谍又掏出磷粉洒在电台和其他物品上，再点上一把火，随即逃之夭夭。

希特勒得悉捣毁了"黑色电台"后十分高兴，表扬了海德里希一番，这更加坚定了这个"金发野兽"插手国外情报的决心。

党卫队实施
"希姆莱作战计划"

　　海德里希领导的党卫队保安局自从捣毁"黑色电台",得到希特勒的嘉奖后,更是有恃无恐。他们在纳粹德国分裂捷克国家的过程中,起到了推波助澜的作用。

　　捷克斯洛伐克的苏台德地区与德国接壤,这里居住着近300万日耳曼人,由于北部和西部的矿山和波希米亚森林都是极其富饶的土地,因而,德国纳粹党人早就对这块土地垂涎三尺。

　　早在第一次世界大战结束后不久的1923年,就有一些充满泛德意志主义的纳粹团体开始在这里活动了。在苏台德地区亲纳粹的团体中,有一个比较大的组织名叫"德意志祖国阵线",1935年这个组织又改名为"苏台德德意志人党"。因此,纳粹德国要在捷克的苏台德地区煽起民众的情绪是很有一些基础的。

　　作为纳粹党和希特勒的马前卒,海德里希对希特勒的意图和苏台德的现状了如指掌,因此,早在1936年年初,海德里希就在希姆莱的授意下通过德国驻布拉格使馆给苏台德德意志人党这个组织提供经济等方面的资助,并指导他们组织情报网,进行间谍活动。

　　1938年夏天,在海德里希等人的操纵下,苏台德地区的德国纳粹党人不断地渗透到苏台德各地区的组织中去,不但把所有这些组织变成了亲纳粹的,还把那些组织中的许多人变成了纳粹德国的特务。新的德国特务们不遗余力地为党卫队保安局收集情报。为了把大量的情报及时地传送到德国去,保安局竟然派人在边境两端架设了电话线。

为了给希特勒在军事上入侵捷克找到借口，海德里希领导的党卫队保安局授意苏台德德意志人党到处寻衅滋事，叫嚷着要回到德国的怀抱。捷克政府在不得已的情况下，进行了反击，拘捕了一批闹事者。

然而，捷克的命运早已不是掌握在捷克领导人的手中了。随着《慕尼黑协定》的签署，纳粹德国入侵捷克已经"合法化"。不久，德国军队就开到了捷克的土地上。

如果说海德里希领导的间谍们在德国入侵捷克的问题上最初还是站在幕后的话，那么，在希特勒准备对波兰发动"白色方案"的计划时，他们则是直接走上前台制造事端。这个事端的制造计划叫做"希姆莱作战计划"。

为了给入侵波兰找一个借口，希特勒命令希姆莱在德波边境制造一个事端，希姆莱又把这个任务交给了他的得意门生海德里希。海德里希接到任务后，很快就制订出一个绝妙的计划，这个计划就是"希姆莱作战计划"。该计划是这样设计的：

在德国进攻波兰的前一天夜里，情报保安局的部队穿上波兰游击队员的制服，沿德波两国边境制造波兰入侵德国事件。他们的任务是在几分钟以内

❤ 纳粹造成苏台德地区骚乱

048

攻占格莱维茨的德国电台，并用波兰话对德国进行攻击。

海德里希意识到，要把这台戏演好，演得更逼真，就得动真格的，要制造出真正的流血事件来。海德里希的脑海里马上想到了约克斯领导的党卫队突击队，约克斯领导着保安局的一个特殊的情报部门，在该部门工作的都是一些特殊的技术人员。这些人员主要是为保安处的外国间谍们伪造不同国籍的证件、护照、通行证等。在第二次世界大战快结束的时候，这个部门还制造假币。总之是一个专门造假的部门。

于是，海德里希立刻找来党卫队突击队队长约克斯，向他布置了任务。这一次约克斯的主要任务是带上6个精明强干的党卫队员，在规定的时间里对格莱维茨电台进行攻击。

海德里希向约克斯交代完任务后又着重强调，这件事不得同格莱维茨的任何一个德国机关或单位进行联系；执行任务的每一个人不得随身携带党卫队成员、安全局人员或警察等可看出是德国人的证件。

最后他凑到约克斯的耳边说："事后在现场能留下几具波兰人的尸体则再好不过了。"

海德里希给约克斯交待完最主要的任务后，又忙着给其他与之相关的一些负责人分配任务。

有的负责置办行动中所需的波兰军服；有的负责把电台附近一带驻扎的武装部队撤走；有的率领兵卒化装成波兰进攻部队向电台发起攻击；还有的充当边防警察与"敌"激战；最后一个负责人的任务是把从集中营里拉来充当波兰人尸体的犯人运往将要出现的几个"战场"上。

约克斯从海德里希处回来，便在规定的时间内带着6个党卫队员，包括一名懂波兰语的翻译乘车悄悄地来到了格莱维茨。他让队员分住在两家旅馆，随后，又带着队员侦察了电台周围的地形。电台设在城外塔尔诺维茨公路旁，外面围着一道两米高的铁丝网，电台四周几乎没有警卫人员。

等各路人马报告说一切准备妥当后，海德里希又把几个负责人召集在一起，再一次商讨具体细节，看看有没有不妥的地方。一切都天衣无缝后就静

德军士兵（模拟场景）

待元首下达命令。

　　1938年8月31日，希特勒向德国武装部队发布命令，9月1日4时45分进攻波兰。海德里希随即指示他的各路"导演"们做好有关准备工作。

　　8月31日下午16时，海德里希向约克斯下达了作战命令。约克斯得令后，于下午19时45分带着那6名党卫队员乘车直扑电台。与此同时，早已停在奥佩恩别墅前的卡车也快速启动，把里边装着的刚刚弄死的囚犯们运往预定地点。

　　晚20时许，当电台的工作人员正和往常一样进行工作的时候，突然发现

几个陌生人杀气腾腾地走了进来，冲向播音室。他们用手枪指着吓得不知所措的播音员，高喊着"举起手来！"还有的朝天花板乱开枪。

约克斯命人把电台工作人员绑起来，塞进地下室，然后让翻译掏出早就准备好的波兰语讲话稿对着麦克风进行播音。就这样，无数正在收听广播的德国人听到了波兰人的声音和夹杂其间的枪声。

这次事件的全过程只有4分钟。4分钟之后，约克斯就带着人马溜得无影无踪了。

电台门外，横七竖八地躺着几具血淋淋的穿着波兰军制服的尸体。同一天晚上，另外几个地方的纳粹特工也按照海德里希的指令，从波兰境内向德国边境进行佯攻。

9月1日，德国的所有报纸、电台、广播都无一例外地发了同一条新闻《波兰暴徒进犯德国》。同一天，德国数十万军队入侵波兰，第二次世界大战的序幕拉开了。

英国一反常态
德军入侵波兰

德国策划的"希姆莱作战计划"导致了波兰的沦陷。

1939年的最初几个月，是英国政府感到心情相当愉快的一段时间，这是他们很长一段时间所没有的。他们认为，由于本国的加速再武装，美国的重整军备计划和德国的经济困难已经使危险日益减轻。

当时的英国政府甚至准备召开一次新的裁军会议，认为世界即将进入一个"黄金时代"。而这时，德国纳粹党人正在捷克斯洛伐克境内培养独立运动，促使捷克斯洛伐克国内分裂。

3月12日，斯洛伐克人在其领袖狄索神父到柏林谒见希特勒后，就正式宣布独立。之后，德国军队以保护国的身份进驻该国，并占领了这个国家。占领了捷克斯洛伐克，德国继续东进的目标就是波兰。波兰是历史上占领德国失地面积最大的国家。

最初希特勒并不想对波兰采取行动，因为波兰也像匈牙利一样，曾经帮助希特勒威胁捷克的后方，促使捷克不得不向希特勒屈服，而波兰也乘机获得了一片捷克的领土。由于英国政府采取了一个意想不到的步骤，才使得希特勒改变了他的意愿。

德国占领捷克后，英国曾经做出过反应，但是很快就采取了妥协的态度。英国政府曾经保证捷克可以不受侵略的威胁，但德国占领捷克后，英国首相张伯伦却告诉下院说，他认为斯洛伐克的独立已经使这个保证失效，所以他觉得英国不再受此种义务的约束。

英国没有理由"改变"自己的政策。但是，在几天内，张伯伦却做了一

个完全的转变，这个转变让世界吃惊和愕然。英国政府突然决定阻止希特勒的任何进一步行动，并在3月29日主动向波兰表示愿意支援它来对抗"任何威胁波兰独立的行动，以及任何波兰政府认为有抵抗必要的行动"。

张伯伦内阁做出如此冲动的决策的因素是什么？人们无法考证，但这种不顾后果的草率决策不但没有制止住纳粹德国侵略的意识，反而促使它加快了扩张的步伐。

根据战后人们得到的一些资料显示，当时由于英国没有采取任何措施和步骤来取得苏联的支持，也没有事先征得波兰的同意，就突然地宣布要保护波兰的安全。

波兰的贝克上校曾经说过，他是在两次弹去香烟灰的时间内就决定接受英国的保护的，他解释说，在他一个月前会晤希特勒时，对希特勒说必须归

德军部队 ⊙

还但泽失地时的语气和态度实在难以承受，所以当英国的建议传达到他这里时，他认为这是还击希特勒的好机会。

这时，希特勒已经感到英国人开始反对德国向东扩张，他害怕如果再耽误就有被阻止的危险，所以加快了其争取"生存空间"的行动。希特勒感觉到，英国人是头脑冷静、具有理智的，他们不会为了波兰而轻易投入战争。同时，苏联是应该争取的对象。所以，希特勒决定暂时忍受对于共产主义的一切仇恨和恐惧，倾其全力来讨好苏联，使其保持中立。

希特勒这一着果然奏效。张伯伦给予苏联的冷遇，特别是当希特勒进军捷克之后，苏联再次提出建立联防同盟建议又受到冷遇之后，斯大林对西方自然心存怨恨。英国政府和波兰政府单独达成安全保护，不能不加深苏联对两国的疑虑和猜忌。

有关人士当时分析说，一直倾向与西方合作以抵抗纳粹德国的苏联外长李维诺夫被解职，而接替他的人是宁愿和独裁者打交道的莫洛托夫，这已经向世人发出了警告。西方却没有做出相应的积极挽回的措施。

德军开进城市

8月23日，德国外长里宾特洛甫飞往莫斯科，接着德苏两国就签订了互不侵犯条约。这个条约的签订，必然增强希特勒发动战争的野心，也就很必然地有了"希姆莱作战计划"的出台以及对波兰的占领。

英国前首相丘吉尔在其《第二次世界大战回忆录》中，对于英国的投入战争有很精辟的评述。他在叙述了英国如何容许德国再武装和如何容许德国吞并奥地利和捷克，以及如何同时又拒绝苏联的联合行动建议之后，写道：

当所有的一切援助和利益都已经丧失殆尽之后，英国才开始牵着法国一同要保护波兰的完整。

如果说在1938年为捷克而战，那还是很合理的，当时德国陆军能用在西线上的精兵可能只有6个师，而法国兵力则有67个师，但是当时大家认为这种做法是鲁莽的，不合理的，缺乏近代化的思想和道德观念。

五六年来，我们所采取的都是绥靖政策，现在却于一夜之间做了一个突然的和完全的转变，决心在远比过去恶劣的条件下，接受一次显然即将爆发的具有一定规模的战争，这种做法显然是难以如愿的。

罪恶迷雾

四十万大军逃生揭秘

　　1940年5月，英法联军防线在德国机械化部队快速攻势下崩溃，40万军队被围逼在法国北部的敦刻尔克港口。这个港口极易受到轰炸机和炮火的攻击，如果从这里撤退，后果不堪设想。不可思议的是，正在这时，德军却接到了停止前进的命令。希特勒的这一命令不仅使盟军的40余万人安全撤离，也使当时和后世的许多人迷惑不解，希特勒为什么会下达这个命令呢？

纳粹元首下令
装甲部队停止前进

　　敦刻尔克是法国的一个港口城市，1940年5月10日，就在张伯伦断言"希特勒已经错过进攻法国的时机"之后的5个星期，纳粹德国就对西欧发动了闪电般的进攻。

　　德国军队在攻占荷兰、比利时、卢森堡以及进攻法国时，都如履平地，战火很快就燃烧到当时欧洲陆军最强大的国家——法国。随着战局的日益恶化，盟国军队的处境岌岌可危。英国远征军和法国第一集团军除了撤退已经没有其他办法。

　　5月24日，约40万名撤退至敦刻尔克的盟军被德军包围，三面受敌，一面临海，处境极为危急。如果德军坦克部队向城市挺进，几十万士兵的身家性命必将不保，那将导致一个非常严重的后果。

　　正在这个关键时刻，德国元首希特勒突然下令装甲部队停止前进，这为盟军提供了一个千载难逢的喘息机会。于是，盟军在5月26日开始实施了"发电机行动"。为此，英国调集了1000多艘舰船，开始了史无前例的大撤退。

　　事实上，早在5月19日，英国就预见到失败已成定局，战时内阁指示海军部制订组织远征军撤退的计划，代号"发电机行动"。该行动由多佛尔军港司令海军中将拉姆齐全权指挥，计划从法国沿岸的加莱、土伦和敦刻尔克3个港口，每天撤退10000人，并集中了30艘渡船、12艘扫雷舰。拉姆齐同时建议加强空中掩护力量，但英国空军战斗机司令部司令表示，只有在满足保卫本土的前提下，才能派出战斗机前往敦刻尔克。

　　5月25日，英国远征军最高指挥官戈特勋爵向战时内阁发出了一封措词强

硬的电报：

> **如果不想使英国远征军全军覆没，现在唯一要做的事就是利用还在我们手中的敦刻尔克港，将远征军撤离法国。**

次日晚，英国海军部下令开始执行"发电机行动"，此时形势比制订计划时更险恶，原准备使用的法国3个港口只有敦刻尔克可以利用，并且空中掩护、地面运输等多种设施均很薄弱。因此，凭借现有力量，在短时间内营救出40万大军犹如天方夜谭。英国海军中将拉姆齐组成了一个精干的指挥班子，总共只有16人，来组织这场有史以来最复杂、最危险的海上撤退。

40万英法联军唯一的生路，就是敦刻尔克及其附近40公里海岸线。敦刻尔克自9世纪以来一直是法国北部重要港口，1939年以吞吐量计为法国第三大港，拥有7个供大型船只停泊的深水泊位，4个船坞以及长8公里的码头。

完善的防波堤和凸式码头可以有效抵御英吉利海峡的狂风大浪，如果这些港口设施能够充分利用，40万英法联军完全可以在短短几天之内携带全部

海滩

装备安全登船。但两个星期以来，该地区一直遭到德军猛烈轰炸，4个船坞全部被毁，8公里长的码头被炸成一片废墟。

唯一还可以供船只停泊的只有一条不足1200米长的东堤，而且还是由木桩木板搭起来的，非常简易，宽度最多只能8个人同时并排通行。只有在靠海一面有个混凝土的柱子，设有灯塔，堤岸周围有一些木桩，紧急时也能停靠船只，但是水流较急，船只停靠时有一定危险。

在撤退中，盟军遭到了德国空军的猛烈攻击，虽然损失惨重，但在"发电机行动"中还是撤出了33.8万人，这为后来的盟军大反攻奠定了基础。

敦刻尔克的大撤退，是世界战争史上空前绝后的壮举，也是第二次世界大战中可歌可泣的一页。那么，是什么原因致使英、法、比多国联军落到如此地步的呢？

英法联军宣而不战
败退敦刻尔克

　　纳粹德国在闪击波兰后，其战略意图已十分明显，英法两国也心知肚明，那么，又为什么会造成德军对西欧的进攻一路势如破竹，并最终导致两国联军40万人兵困敦刻尔克的呢？

　　其实，从1939年9月德国攻击并占领波兰起，至次年春季希特勒在西线发动攻势之时的这一段时间，英国、法国都已经向德国宣战，但两国都处于宣而不战的状态。这期间实际上是联军最好的准备阶段，但是，却被白白浪费了。

　　一般人对于此种外表沉寂的状态所作的解释是各不相同的。有人认为英法两国对于战争的意图并不是那么认真，尽管他们已经为波兰而宣战，但却仍然等候和平谈判的机会；另一种流行的解释是英法两国自有他们的小算盘，美国报纸上有许多的报道说，英法联军最高统帅部故意采取一种微妙的守势战略计划，并已为德国人准备好了一个陷阱。但实际上，以上两种解释都是毫无根据的。

　　在秋冬两季，两国和最高统帅部花了好多时间去考虑德国或德国两翼的攻势计划，而不是集中全部力量以求对希特勒的未来攻势做任何有效的防御准备。

　　有关资料显示，当年这些国家的领袖们正在构想用各种不同的计划进攻德国——取道挪威、瑞典、芬兰以进攻德国的侧后方；通过比利时以进攻鲁尔地区；假道希腊和巴尔干以打击遥远的德国东面侧翼；进攻苏联在高加索的大油田，以切断该国对德国的石油补给来源……

由此可见，这些国家的领袖们仍然对德国抱有幻想，直至希特勒的炮火打到他们的头上，他们才如梦方醒。

由于高层领导对战争的到来准备不足，导致整个法国对敌工作的不力。当波兰战役将要结束时，希特勒就已经开始考虑在西线发动攻势的问题了。他在给德国陆军司令的命令中说明了他的想法，解释了为什么在西线发动进攻是德国唯一可能实现战略意图的理由。

希特勒认为，与英法两国长期的战争将会耗尽德国的资源，并使其暴露在苏联的背面打击之下。他害怕苏联不能坚持中立，而失去对德国最为有利的时间。

聚集在敦刻尔克海滩的英法联军

　　他的畏惧心理促使他要提早发动攻势，以强迫法国求和。他在对法国的分析中，认为即使法国人厌战，但英国的战斗力量的发展会给法国带来一个新的战斗要素，在心理和物质两方面都有巨大的价值，足可以增强法国的防御。

　　同时，希特勒也认为，一旦轻松战胜波兰所产生的兴奋作用消失之后，德国人的战斗意志也会削弱。因此他的结论是：只要条件勉强可能，则应该对西方国家发动秋季攻势。

　　实际上，因为意外而拖延了7个月才爆发战争的期间，法国人的士气变得比德国人还低落。更坏的是在德国有几个集团都想推翻希特勒并与西方国家和谋，同时他们希望英法方面所构想的和平条件能事先获得保证，但是英国政府对于这些秘密探试很少给予鼓励。

　　1940年1月10日，德军总参谋部一名携带德军准备攻击西方国家秘密计划的军官因座机迷航而在比利时迫降，该计划落入英法手中。在意外获得德国准备在西线发动进攻的文件后，英法的军事顾问却把它看作是德国的故意安排，是用来欺骗他们的拙劣伎俩。

　　令人想不通的是，即使这时德国使用欺骗伎俩，那么大敌当前，英法联军的统帅部也要对自己原来的计划加以修改，因为德国统帅部必定会对其攻击重点做出某种改变。

　　但是联军统帅部对于自己的计划既不作任何的修改，也不采取任何预防措施。最后，德国改变了进攻计划，突然出现在法国一直认为的天然屏障、德国的机械化部队难以逾越的阿登地区，给了英法联军毁灭性的打击，最终导致了敦刻尔克大撤退。

多种可能致使
四十万人绝处逢生

令人不解的是，正当几十万的英法军队被围困在敦刻尔克这个地域狭小的港口中。德军的坦克部队刚要冲入敦刻尔克实施扫荡的时候，希特勒却命令他的军队停止了攻击。结果，让英国军队在这唯一的退路上撤出了22.4万人，法国撤出了11.4万人。用英国人的话说，这是"敦刻尔克奇迹"。正是这些从德国手中逃出的军队才使得其有实力继续作战，并保留着足够的人力来防守海岸和应付侵略的威胁。

那么是什么原因使得希特勒发出这个决定命运的命令呢？他为什么要这样做呢？这令人十分费解。史学家在对此事进行长期的研究探索中，已经发现了足够的证据。他们不仅能够把前后的经过编成一条完整的链条，而且对于导致这个最后决定的一连串理由也找到了恰当的解释。英国著名的军事思想家李德·哈特在《第二次世界大战史》一书中，针对这个问题做了如下剖析：

从大量的历史资料来看，这个"奇迹"的发生跟希特勒的复杂的性格有一定的关系，同时也是受到其他人物思想活动的影响。

1940年5月24日上午，希特勒在视察中会见了一个关键性的人物——龙德施泰特。龙德施泰特是一位谨慎的战略家，他对于一切不利的因素都总是很小心地决不放过，并且一向都是避免在乐观的时候犯错误。正是这个原因，

希特勒把他看做是很好的帮手，他可以向希特勒提供冷静的平衡的判断，而这正是希特勒所缺乏的。龙德施泰特在汇报情况时，特别提出由于长时间和迅速的行动，坦克的实力已经减弱，并且指出从南北两面都有受到攻击的可能，尤其是南面。

希特勒对于龙德施泰特的慎重态度表示"完全同意"，并也强调保存装甲部队以供未来作战之用是很重要的。下午他回到自己的统帅部后，就立即召见陆军总司令哈尔德，命令其暂停进攻。

哈尔德在他的日记中伤感地写道：

由装甲和摩托化部队所组成的右翼，在其前面已无敌人，现在已经在元首的直接命令下停止不前，至于解决被围敌人的任务则准备留交给空军去完成！

有人可能会认为希特勒的暂停命令是受到龙德施泰特的影响，其实不然。假使希特勒已经感觉到他的这个命令是受到龙德施泰特的影响，那么在英国军队逃走之后，为了替自己所作的决定找借口，他必然会提到这一点。但是他却在事后的解释中从未提到龙德施泰特的意见是其中因素之一。这种反面的证据很重要。

也有人认为，很可能当希特勒前往龙德施泰特总部之前，他的内心里就有了这种打算。其目的是想替他自己的想法寻找进一步的合理解释，以便作为强迫哈尔德等人改变计划的根据。

如果在这之前还受过其他人的影响，那他们就是凯特尔和约德尔，他们是希特勒大本营中的主要军事首脑。当时瓦利蒙特听到停止攻击命令的传闻，就向约德尔询问原因，约德尔向其证实了命令的真实性，事后瓦利蒙特在自己的记载中提到了这件事情：

约德尔强调希特勒、凯特尔和他本人于第一次世界大战时作

战的经验证明，装甲部队是不能在沼泽地中使用的，那样是要受到重大损失的。

因为各装甲部队的实力已相对减弱，而且即将发动的第二阶段对法国的攻势中，他们还有其他重要的任务。

除了上述几种情况以外，还有一点就是德国空军司令戈林对希特勒的影响。

瓦利蒙特在记载中说：

不过在当时，我发现另外一个有关暂停命令的原因——即戈林此时出现了，并向元首保证他的空军可以从天空封锁海边的退

准备发起进攻的德军（模拟场景）

路，以完成合围的任务。他毫无疑问地把自己军种的威力估计得过高了。

凭借戈林在纳粹党内不可动摇的地位，最终使得围剿敦刻尔克的任务落在了空军的手里。

后来，曾经强烈反对过这个命令的古德里安特别指出："我想促使希特勒做出这个决定的主要因素之一即为戈林的虚荣心。"有证据显示，后来德国空军在使用上也没有发挥全部的力量。一些德国空军将领说，希特勒在这一方面如同制止地面部队一样加以限制。

因此，有高层怀疑在希特勒的军事理由的背后是否还有政治动机的存在。时任龙德施泰特总部作战处长的布鲁特对希特勒在访问集团军总部时的讲话做了记录，他认为这个讲话也许能窥视希特勒的思想脉络：

> 希特勒的精神非常好，他承认这次战役的过程的确是一个奇迹，并告诉我们他相信战争在6个月内就可以结束。此后他就想和法国签订一项合理的合约，于是和英国达成协议的途径也就畅通无阻了。
>
> 他说到对大英帝国的赞赏，其存在的必要，以及英国人对世界文明的贡献。这一席话真是让我们大感惊异。他耸一耸肩说，这个帝国在创立时所使用的手段固然并不太光明，但却也是时势所迫，无可奈何的。
>
> 他把大英帝国和天主教会相比较，并说两者对于世界的安定都是必要的因素，他又说他对于英国要求的不多，仅是它应该承认德国在欧洲大陆上的地位而已；德国旧殖民地的归还是固所愿也，但却非必要，他甚至表示如果英国在任何其他地区遭遇困难时，他还愿意提供武力的支援。
>
> 他指出殖民地只不过是一个威望的问题，因为它们在战争中是无法守住的，而且也很少有德国人愿意到热带去生活。
>
> 他的结论是，他的目的是想站在英国人认为可以接受的立场上，来和英国谋求和平。

布鲁特在其后的回忆中时常提到这一次谈话：

　　他感到希特勒之所以突然做出停止攻击的命令，是其政治计划中的一部分，其目的是为了想使和平可以比较容易达成。假如英国远征军在敦刻尔克全部被歼，那么英国人就会认为他们的光荣受了一次严重的侮辱，就会拼命地雪耻了。让他们逃跑也许是希特勒想要安抚英国人的一种手段。

　　希特勒在《我的奋斗》一书中对英国的态度是一种又爱又恨的复杂感情。希特勒的个性是很复杂的，所以没有一个单独的解释是完全正确的。

　　史学家经过长期的研究，分析当时希特勒做出这个决定的理由，由以下几个方面组成：

　　一是他想保全坦克的实力以供下一场战斗之用；二是他对敦刻尔克地区的沼泽心有余悸，因为第一次世界大战时有过这样的教训；三是戈林对于空军的威力做了过高的估计和过分夸大；四是他的内心深处还有某种政治理由，但它和军事线索交织在了一起，而不易被发现。

　　以上种种原因，导致了英法联军几十万人的绝处逢生。

罪恶迷雾

第二次世界大战纳粹真相

"珍珠港事件"始末

　　1941年12月7日清晨，日本海军的航空母舰舰载飞机和微型潜艇突然袭击美国海军太平洋舰队在夏威夷基地珍珠港，经过两个多小时的袭击，摧毁美国飞机188架，死伤近4000人。美太平洋舰队遭到重创，此举引发美国对日宣战。珍珠港离日本本土远隔3200海里，当时美军又保持中立，日本为什么要长途奔袭，惹火烧身呢？

山本五十六
制造珍珠港惨剧

1941年12月7日，夏威夷瓦胡岛。

早上7时30分，初升的朝阳刺破雾气，照在珍珠港锚地那两排巍峨的战列舰，以及三三两两的巡洋舰、成排的驱逐舰和各式辅助舰船上。战舰上和岸上都没有多少人在活动，只有几艘交通艇或吐着白烟的小拖船，偶尔会划过镜面般的绿色海水，好一派静谧祥和的周日景象。

但忽然之间，从海上飞来了大批涂着橘红色膏药的机群，向港口中的战舰投下了鱼雷和炸弹，宁静的港口瞬间成了充满水柱和硝烟、烈焰与死亡的炼狱，到处都是东倒西歪、扭曲破裂的舰体，以及在海面厚厚的浮油中竭力挣扎的水兵。

与此同时，珍珠港周边的各海军及陆军机场也遭到了日机的轰炸，一批批排列整齐、型号各异的战斗机和轰炸机在日机的投弹和扫射下化为火海。

美国人在这突如其来的袭击面前完全懵了，只有广播和无线电在一遍遍地拼命发送同一个惨痛的消息：

珍珠港遭空袭——并非演习！！！

珍珠港位于瓦胡岛南部科劳山脉和怀特奈山脉之间的最低处，因盛产有珍珠的牡蛎而得名，它是美国在太平洋上重要的海军基地。珍珠港是一个天然的良港，整个海湾形同伸向内陆的鸡爪，只有通过330米宽的狭窄水道与太平洋相通。港区内水域面积大约25平方公里，平均水深12米，港湾内的怀皮

奥半岛、珍珠城中岛和福特岛将珍珠港分为4个小港湾，可同时停泊各种舰艇500多艘。

美国于1900年开始在珍珠港基地进行建设，陆续建成了设备齐全的大型造船厂、船坞、码头、油库等设施。1919年和1922年相继建立了潜水艇基地和航空基地。1933年起，为了遏制日本的扩张，美国进一步加大基地建设，使该港成为美国在太平洋上重要的海军基地和后勤保障基地。1940年后，美国太平洋舰队便常驻珍珠港，成为在太平洋上的重要的威慑力量，极大地牵制和威胁着日本在太平洋上称霸的企图。珍珠港也就成为日本军队南进的一个阻碍，日军也把珍珠港视为眼中钉、肉中刺。

为了拔掉这个钉子，1941年，日本海军联合舰队总司令山本五十六拟订了偷袭珍珠港的计划，得到批准后于12月7日实施了突袭。

这次袭击给美国在港内的舰只以毁灭性的打击。日军仅以损失飞机29架、潜艇一艘和特种潜艇5艘的微小代价，击毁、击伤了美国太平洋舰队停泊

日军飞机（模拟场景）

在港内的全部8艘战列舰和10余艘其他舰只，击毁美军飞机188架。美军伤亡惨重，总计亡2402人，1282人受伤。美国太平洋舰队元气大伤，舰队的战斗力下降了80%至90%，超过了美国海军在第一次世界大战中所受损失的总和。

日本偷袭珍珠港成功后，占据了太平洋上的制海权，为进攻菲律宾和马来亚等西方殖民地国家，占有那里的资源创造了有利的条件。

那么，面对强大的美国，日本是如何萌动了在"太岁头上动土"的念头的呢？原来，日本想要把东南亚这些西方国家固有的殖民地窃为己有，最大的威胁就是美国。

由于日本对外扩张的速度不断加快，与美国的矛盾也在不断地激化。当美国宣布中止与日本的贸易往来，并对日本实行石油禁运后，为了获得荷属东印度年产量达800万吨石油的油田，南洋占世界年产量78％的橡胶和占世界产量67％的锡矿，以及铁、铝等金属矿资源，还有大米等粮食资源，日本不得不背水一战。

被炸后的珍珠港

日本海军联合舰队总司令山本五十六原是反对日本与美国开战的，他心里明白，与强大的美国开战，即使通过偷袭的方式能够在短时间内取得暂时性的优势，但如果战事超过一年到一年半，美国就会以自身强大的资源优势扭转战争的局面。但是，在日本大本营根据德、意、日三国订立的同盟条约确立了对英美开战的战略方针后，山本五十六一改过去反战初衷，竭尽全力策划了对美国的作战计划。山本五十六计划以偷袭的方式力求在开战初期歼灭美军太平洋舰队，确立日本军事上的优势，随后不断组织有效进攻，不断打击和削弱美国的军事实力，不给美军积蓄力量的机会，从而赢得战争的胜利。

1941年1月，山本五十六正式向日本海军大臣提交了突袭美国珍珠港的《战备意见书》。

《战备意见书》称：

要想尽快解决资源上的瓶颈问题，实现南进计划，就不可避免地要与美国发生冲突。

一旦开战，美国军队在太平洋的舰队就会立刻从珍珠港出发，从侧翼对日军进行牵制，这样，日军南洋舰队就必定要掉头迎战。

因此，日本应该迅速将后顾之忧去掉，先拔掉"珍珠港这颗美国鲨鱼的牙齿"。

一旦摧毁了美国太平洋舰队主力，日本就可以在美国恢复元气之前，从容不迫地占领太平洋和印度洋上所有的重要据点，获取那里丰富的资源。取得优势后，迫使美国订立城下之盟。

《战备意见书》中对这次突袭的可能性做了这样的评估，即只要美军舰队确实在港内停泊，并且日本军舰在航行途中不被发现，就能取得成功。

山本对自己的计划充满了自信，所以计划提交大本营后，他就开始着

手准备突袭的工作。令山本五十六没想到的是，日本大本营却否决了他的计划。

日本上层普遍认为这样的计划太具冒险性，如果在攻击前被美军发现，就会有不可想象的灾难；而且一旦联合舰队的主力用于突袭珍珠港，那么势必造成对南方战线的牵制。联合舰队中也有不少军官对这个计划持反对意见，承担作战指挥的第一航空舰队司令南云中将和第十一航空舰队参谋长大西少将都表示不敢苟同。

山本五十六为了实现这个计划，极力做高层人士的工作。他不仅说服了前来陈述反对意见的南云和大西两位将军的参谋长，还将此计划交给了日本天皇的弟弟，希望他能做通天皇的工作。

果然，日本天皇在很短的时间内就批准了山本五十六的偷袭计划。大本营见天皇已经"恩准"，知道已经回天乏力，只好在1941年10月10日批准了这个计划。

值得一提的是，人们在提到珍珠港事件时，都会指责日本的不宣而战，其实，当时日本内阁在批准这个偷袭的计划时，在时间上做了精心的安排，可以说玩了一个小花招。他们的原意是想尽量不超出合法的限度外，来实现偷袭带来的利益。

他们玩的花招是这样的：

他们准备给予美国在11月26日提出要求的答复，预定在12月6日夜间送达日本驻美国大使手中，并指定他在第二天的13时正式交给美国政府，这时的夏威夷时间是上午的7时30分时，这样，日本就只给美国政府半个小时的时间去通知其在夏威夷和其他地区的军事指挥官说日本已经向美国宣战。

这样日本就有理由说偷袭并没有违反国际公约。然而，由于日本给美国政府的复电内容太长，日本大使馆在翻译时发生了延误，结果直至华盛顿时间14时20分，日本大使才将那份回复送交

美国政府，而这时珍珠港已是一幅惨不忍睹的景象。

在日本飞机轰炸珍珠港的前45分钟，一艘美军拖船上的美国士兵就发现了尾随其后的日军微型潜艇的潜望镜，并向在海上巡游的美国"沃德号"驱逐舰报告了这一消息，"沃德号"随后击沉了这艘日本潜艇。

日本潜艇的任务就是进入珍珠港并配合随后到来的战斗机攻击美军舰艇，但令人遗憾的是，虽然美军士兵发现并报告了这一事件，可这样重要的信息却没能传递到美军的高层。美军的这一失误，使他们付出了巨大的代价。

美国高层轻敌
导致飞来横祸

　　珍珠港事件对美国人来说无疑是一场噩梦。据后来研究珍珠港事件的人员分析，造成珍珠港事件噩梦成真的原因，除了日本军国主义扩张的主要原因外，美军内部高层轻敌和指挥失当也是重要的原因之一。

　　据有关资料显示，当时太平洋舰队的司令金梅尔上将和参谋长史密斯上校事先已经得到过要防备日军发动战争的警告，但是他们都未能认真地加以对待。他们始终认为，日本是不会对强大的美国发动进攻的，日本是不会也不敢挑战美军的。即使为了结盟国的因素，日本也只会派出一至两艘航空母舰前来骚扰一下。

　　由于轻敌，太平洋舰队基地的防空系统配置十分不严密，在战事如此紧张的状态下，竟然没有24小时的警戒。当日军的飞机已经空袭了5分钟以后，防空炮火才打响。甚至有的高炮分队直至要对日机射击，却无法打响，打开炮栓一看，里面竟没有填炮弹。由此可见，美军内部敌情观念的淡薄是何等严重。

　　因为在1941年12月6日有通报说，第二天美军的B—17轰炸机要抵达珍珠港西开姆机场加油和检修，然后飞往菲律宾，这样一个通报就使得美军当日在雷达上发现可疑飞行物时，竟然毫无根据、不假思索地就判断为是美国B—17轰炸机。结果山本前敌侦察机毫无阻拦地在珍珠港进行了侦察。美军这样轻率的判断，使太平洋舰队丧失了宝贵的预警和战斗准备的时间。

　　舰队司令金梅尔是一位精明、干练的海军军官，然而，在对日战备方面，他却犯了轻敌这样不可弥补的错误。

1941年12月6日，金梅尔曾参加了舰队司令部关于要不要疏散停泊在港内的舰艇的参谋会议。会上金梅尔没有做出任何决定，他认为3个航空母舰特遣队都已经离开珍珠港，如果将现在的在泊舰疏散到海上，它们将不会得到舰载机的空中掩护，缺乏空中掩护的舰只在公海上必将更容易受到敌人的袭击。

表面上看，金梅尔的想法似乎并没有什么可质疑的，但是稍作一些分析就可以看出，这个想法是主观和片面的。因为，舰艇集中停泊在基地港之内，势必成集结之势，这样不仅目标大，各舰都配有一定数量的弹药和燃料，在遭到敌人的袭击时，一艘舰艇被击中起火，就会殃及周围其他舰只的安全。如果敌人集中火力封锁或堵塞进出航道，那么美军舰艇连一艘也别想逃脱厄运。

金梅尔曾经得到过日军准备发动进攻的报告，既然已经知道战争迫在眉睫，并且也预计了日军可能采用空中偷袭的办法，那么就应该首先考虑到把港内停泊的舰艇进行分散，这是一个十分简单的军事常识问题。显然，金梅尔过高地估计了美国在日本人心中的威慑力。

另外，既然已经考虑到了舰只在空中掩护的问题，那么，就应该联想到基地地面防空和空中拦截的态势和准备程度。这是一个大事，事关基地存亡的事情，作为

被炸后的珍珠港

基地海军舰队司令，金梅尔有不可推卸的责任。

珍珠港遭受袭击的原因，除了美国人的轻敌之外，还有一重大因素就是临阵指挥失当。当时美国军队中除了高炮、截击机外，还有另外一种非常有效的防空武器——氢气球。这种武器当时已经运抵珍珠港，但是没有任何军官想到应该尽快把它分发并放起来。

珍珠港纪念馆

第二次
世界大战
纳粹真相

同时，惠勒机场是美军的截击机机场，基地指挥官威廉·弗雷德预先已经采取了防护措施，修建了100多个飞机掩体，可是夏威夷陆军驻军司令肖特中将害怕掩体中的飞机会遭到日本特务的破坏，于12月6日下达命令把所有战机全部整齐地摆放在掩体外，派重兵加以警戒。这个命令葬送了该机场上的P—40和P—36型截击机。

日军战机两个波次的攻击结束后，美军太平洋舰队司令部仍然没有搞清楚日本的飞机是来自南方还是来自北方。金梅尔开始认定日机来自北方，下令美军战机向北搜寻侦察，但是从被击落的日本飞机上找到的航图标示来看，日军是来自南边。

于是，金梅尔又下令"企业号"航空母舰特遣舰队向瓦胡岛南部海域巡视。他不知道，日本飞机上的航标图全部做了手脚，为了怕泄密，所有的航标图中的标示全部是错位的，就是说它们把南北位置进行了调换。

如果当时金梅尔稍微冷静一点，一边派航空母舰作南巡，一边派飞机到北边侦察。那么，南云率领的机动队就会被发现、被攻击，战争的局势也许将会改变。金梅尔的失误使得南云躲过了一场灾难，也帮了日本人一个大忙。

美军纵容
致使日本为所欲为

　　除了美国人在对日作战上有一种轻敌和侥幸心理外，盟国希望美国尽快参战的心理也是使噩梦成真的又一个因素。

　　据50年后解密的文件看，珍珠港事件的前一天，即1941年12月6日，从马来西亚哥达巴鲁机场起飞的一架澳大利亚侦察机发现了日本登陆舰队，立即报告给了上级，并要求加派其他飞机来接替跟踪。但是，盟军驻远东空军司令、英国空军上将布鲁克却命令取消跟踪。驻澳大利亚的美军代表史密斯上校立刻要求通知美国，但澳大利亚战时内阁拖延12小时后才批准史密斯的要求。这份报告实际上直至17个小时后才经夏威夷转到华盛顿，早已经失去了价值。

　　1941年12月7日的晚上，美国总统罗斯福召开内阁紧急会议，商讨对策。第二天中午，罗斯福前往美国国会，进行演讲。这一次，罗斯福总统做出了一个异乎寻常的举动，他没有像往常一样坐轮椅，而是由他的长子扶着走进国会大厅，并向美国参、众两院发表了6分钟的讲演。

　　罗斯福开门见山地说：

　　　　昨天，1941年12月7日，美国遭到了蓄意的猛烈攻击，这个日子将永远是我们的国耻日！

　　　　美利坚合众国受到了日本海、空军部队的蓄意进攻。我要求国会宣布，自1941年12月7日，星期日，日本无端和蓄意地发动进攻开始，合众国与日本之间就已经存在着战争状态。

082

听完罗斯福饱含着悲痛和愤的演讲，美国参众两院一致通过了罗斯福对日宣战的要求。当天下午，美国政府对日宣战。

同一时刻，英国首相丘吉尔正在度周末，他从随身携带的小收音机中听到了日本偷袭珍珠港的事件，当时甚感惊讶。他立刻要通了罗斯福总统的电话，这一消息得到证实。

丘吉尔为了使美国加入战争，共同抗击侵略，可以说费了九牛二虎之力。在不列颠之战中，丘吉尔为争取获得美国的帮助做了大量的工作，他以政治家的深邃远见和外交家的巧妙手腕，通过多方面坚持和不懈努力，终于动员罗斯福说服了美国国会，通过了被称为转折点的《租借法案》。《租借法案》的通过对支援盟国抗击德国法西斯的战争起到了巨大的作用。

当然，丘吉尔想做的远不止这些，他一直把促成美国参战作为自己外交活动的首要目标。这次，他来到纽芬兰普拉森夏湾的美军基地，在此与美国总统罗斯福进行了又一次磋商。上一次因为两人各自忙于国内事务致使会晤拖延了下来。

由于丘吉尔与罗斯福在第一次世界大战时期就曾谋面，第二次世界大战开始前，丘吉尔与已经成为总统的罗斯福仍然保持着书信的往来。因此，在第二次世界大战开始后，两位都已经成为国家领导人的老朋友自然有许多默契。

两位领导人就德国人

罗斯福在发表演讲

入侵西班牙和葡萄牙，以及由于苏德战争减轻了苏联对日本的压力，从而使得日本除了在中国，还想在其他方向上进行军事行动的威胁已经加大等问题进行了讨论。

丘吉尔满心希望能和罗斯福一起制订抵抗日本进一步侵略的政策，但因为美国国会中的中立主义势力仍然强大，罗斯福无法也不能做出什么具体的承诺。双方只是在讨论和修改了以前草拟的五项联合宣言基础上，共同发表了一份被称做《大西洋宪章》的8项原则声明。

因为这个宪章只是道义上的，而不是法律的约束。于是在丘吉尔的敦促下，两国政府还是共同起草了《致日本政府的信件》，对可能在太平洋上进一步进行侵略的日本提出了警告。丘吉尔相信，由美国、英国、苏联以及荷兰等国参加发布的宣言，是会对日本起到遏制作用的。

美国公众通过广播收听总统讲话

美英两国的这次会晤，其象征意义大于实质性意义。它只是向德意日三个轴心国显示了英美两国之间的政治团结和军事合作的意向和姿态，但并没有达成丘吉尔想促成美国参战的目的。

但是，丘吉尔没有想到，内心对参战持积极态度的罗斯福也没有想到，美国国会中持中立主义态度的势力更没有想到，这次会晤仅仅3个月后，无情的现实就把美国卷入了战争。

本来，丘吉尔和美国人都认为，日本人是不会把美国变成直接敌人的，但是正如美国著名的学者伍德指出的那样：

> 那些在美国和不列颠掌握大权的人，在估计上犯了两个根本的错误。他们大大低估了日本人的军事实力和勇敢精神，同时又大大高估了日本人的政治精明。

日本偷袭珍珠港，纳粹德国头子希特勒听到这个消息后大为恼火，简直是暴跳如雷，把在场的人都吓得惊慌失措。希特勒认为，德国征服欧洲，摧毁苏联，最后制服英国的目的是可以达到的，但这需要一个条件，就是美国不介入。因为他始终没有忘记第一次世界大战中，由于美国的干涉，对战争结局的影响和起到的决定性作用。

因此，他曾向德国海军将领下达严格的命令：任何德国的潜水艇不准在大西洋攻击美国船队，尽可能地不给美国人以参战的借口。由于日本的行动，致使美国人义无反顾地参加到战争的行列中来，希特勒的一厢情愿化为泡影。

苏联插手
使事件提前发生

　　珍珠港事件已经过去70多年，但人们仍然在思考当年的这场战争悲剧，人们也总是想起那个神秘的话题：美国总统罗斯福是否事先知道日本要空袭珍珠港？

　　如果美军这些历史疑问的答案尚未浮出海面，那么，美国《洞察》杂志于日前刊出的一篇文章无疑是向珍珠港事件扔出的一枚重磅炸弹：当时苏联担心日本从东线对苏发动进攻，使苏联陷入东西两线作战的困境，于是启用早已安插好的庞大间谍网，操纵美国和日本提前对战，珍珠港事件因此爆发。

　　美国著名的情报专家赫伯特·罗梅斯汀推出一本新著《维诺纳的秘密》，披露了自己研究的最新成果：

　　　　为了掌握日本的军事动向，苏联在日本培植了一个庞大的间谍网，确保苏联不受到日本的进攻；相反，如果日本主动向美国发动进攻，则是苏联求之不得的事。

　　这本书是罗梅斯汀与美国国会前调查员、资深记者埃里克·布伦迪尔合著的。他们的结论极具爆炸性：苏联甚至在美国政府内部安插了一名高级特工，正是这名特工为日本空袭珍珠港做好了铺垫工作。

　　亨利·迪克斯特·怀特是美国"新政"经济学家、罗斯福总统最信任的经济顾问之一，后来被证明是苏联间谍。最新的证据表明，怀特从苏联高层

088

那里得到指令，向罗斯福提出了大量针对日本的政策性建议，这才是美国与日本开战的关键因素。

对于怀特的间谍身份，美国情报部门直至后来才有所察觉。

1946年，联邦调查局局长胡佛便向当时的总统杜鲁门写信，声称怀特是一名不可小视的苏联间谍。两年后，美国众院也就怀特是不是间谍的问题举行过听证会，但怀特的间谍身份直至20世纪90年代中期才总算有了最后结论。

美国情报部门有一个隐秘的"维诺纳工程"，专门负责截获、破译外国政策的重要电文。20世纪90年代中期，美国解密了一批文件，其中包括截获的苏联政府的大量秘密电文。包括罗梅斯汀在内的历史学家惊讶地发现，怀特的名字多次出现在这些秘密电文中。

经过对"维诺纳密件"的研究，学者都认为，通过这些文件，可以很清楚地看清怀特的间谍身份。美国国会研究20世纪政治历史的专家约翰指出："我们有足够的证据证明怀特一直在与苏联情报部门合作。"罗梅斯汀也指出，"维诺纳密件"证明，苏联同意为怀特上私立学校的女儿支付学费，并给怀特一家送过其他贵重礼物。

就在"维诺纳密件"解密的同时，美国一位前情报官又惊爆新内幕：怀特敦促美国政府对日本采取强硬政策，实际上是苏联一个秘密计划——"雪计划"的重要组成部分。

当时，苏联担心日本可能会从远东地区向其发动进攻，而且1940年和1941年的局势越来越清楚地表明，日本要么进攻苏联，要么进攻美国，两者必有其一，而向苏联发动进攻的可能性更大一些。

苏联秘密情报机构的副部长维塔利夫·帕夫洛夫于1995年在一篇情报杂志上发表文章承认，他在1941年曾交给怀特一张便条，上面列出了苏联的外交政策要点，并敦促怀特向美国政府"推销"这些政策。这些政策包括：美国敦促日本立即全部从中国撤军。

怀特与帕夫洛夫见面后没多久，1941年11月26日，美国国务卿果真给日

本政府高层打电话，敦促日本从中国撤军。可是，日本不仅没撤军，反而在两周后向美国发出挑战，一手制造了空袭珍珠港惨剧。

罗梅斯汀研究怀特的备忘录，发现它与帕夫洛夫关于怀特的描述有着惊人的一致。珍珠港事件的发生对苏联来说是"天赐之物"，帕夫洛夫在回忆文章中写道：

虽然索奇已经提供情报说日本不会进攻苏联，但进攻的可能性一直无法排除，直至美国参战，威胁才算真正消除了。

如此看来，急于让美国参加到远东战争的苏联在这个事件的背后的确做

日本特使来赴美谈判

了大量的手脚。此外，据苏联情报计划研究专家斯蒂温·舒瓦兹介绍，与德国人比较起来，斯大林更担心日本人，因为1905年爆发的日俄战争以俄罗斯人的溃败而告终。

1941年6月，希特勒撕毁苏德和平协定，向苏联发动进攻。对苏联来说，避免与日本开战就变得异常重要，因为苏联红军尚不具备东西两线作战的实力。好在经过数年的努力，苏联在日本建立了一个间谍网，领导人是装扮成纳粹德国记者的理查德·索奇。

据史料介绍，1941年9月，当索奇向苏联高层汇报，日本正准备进攻美国，而不会进攻苏联时，苏联高层才松了一口气，终于下定决心，将部署在远东地区的三四十个陆军师迅速调到莫斯科，与德军较量，并最终取得胜利。同时，许多苏联官员一直担心日本人会改变进攻美国的主意，因为德国一直试图引诱日本从东部向苏联发动进攻，以减缓德军的压力。

据索奇透露，当时，美国与日本仍在秘密谈判，希望与日本达成和平共存协议。如果协议达成，苏联将处于极为不利的位置，因为美国和日本有可能协调反苏政策。历史学家弗莱明发表文章说，虽然他不敢肯定第二次世界大战期间苏联在美国政府内部安插的众多间谍一定影响到了罗斯福的决策，但他们把罗斯福以及其他高官的想法传给了苏联这一点却是事实。

针对当时的历史，有学者提出这样的疑问，如果美国不是在1941年11月强烈敦促日本从中国撤军，美国和日本是否真的可以避免战争？罗梅斯汀认为，至少美国会有一段宝贵的备战时间，珍珠港事件中也不会损失那么多人。战后，马歇尔将军在国会听证时也承认，如果珍珠港美军未遭到空袭，美军可能会等到1942年1月或者更晚一些时间才会对日宣战。

罪恶迷雾

第二次世界大战纳粹真相

法西斯造原子弹了吗

　　20世纪世纪三四十年代，德国在物理学领域曾遥遥领先，科学家们率先在实验室里分离出铀—235，最先发现核裂变，是有机会领先于其他国家首先生产出原子弹的。但是貌似强大的德国最终并没有生产出原子弹，而科技并不领先的美国却造了出来。这是什么原因呢？是希特勒不想造原子弹，还是有其他的隐情？

希特勒欲用精神意志
征服世界

在第二次世界大战中，美国扔在日本的两颗原子弹改变了世界，虽然有人说原子弹在第二次世界大战中起的作用并不是决定性的。

20世纪三四十年代的德国，在物理学领域曾遥遥领先，德国科学家在实验室里分离出来铀—235，首先发现核裂变，是有机会领先于其他国家首先生产出原子弹的。但是历史现实就是这样，貌似强大的德国没有生产出来原子弹。

第二次世界大战前，一种从未被人注意到的天然存在的铀元素被德国科学家发现。这个利用中子作为炮弹轰击铀原子核获得的成功，一举惊动了整个世界。然而，作为纳粹头子的希特勒并没有把这太当回事，因为他始终强调：德国的教育需要的是个人为团体的牺牲精神，而不是由科学助长起来的物质利己主义。

1942年以前，希特勒完全把赌注压在闪击战上，认为战争会很快结束，不需要花费大力气去研制尚无把握的新武器，没有原子弹他一样可以称霸全球。出于战争的需要，希特勒一开始就把研制火箭等武器放在了首要的位置，仅从1937年至1940年，德国陆军在发展大型火箭上就花费了5.5亿马克，而德国军备部批给"铀计划"的经费，只有100多万马克。这一点经费，与美国的"曼哈顿工程"相比，还不到其1／10。

直至1942年，希特勒还相信自己不久即将取得胜利，因此发布了一道命令：如果所提出的新武器计划不能保证在6周内制造出来并用于战场，那么任何计划都不能进行。这使得许多正在研究原子武器的科学家，再也不敢贸然

提出这方面的建议了。

　　1942年秋，德国为了战争的需要，针对"铀计划"迟迟不能拿出"原子弹"的现状，决定"铀计划"的重点放在作为推动机器的发动机上来，主要想用在潜水艇上。这样一来，德国的"铀计划"就改变了预期的目的，以开发铀的动能为主要任务了。直至1944年，战局已经产生了变化，德国才开始对原子能计划发生兴趣。

　　希姆莱下令制订了一个新的研制方案，虽然这样加快了德国原子弹的研制速度，但这时已经晚了。由于盟军对德国的轰炸，德国的原子弹研究机构以及铀的提炼厂经常要大规模地搬迁，这极大地影响了德国原子弹的研制进度。

盟军轰炸机 ❤

科学家不想
让核武器用于战争

　　当时，德国的科学家在铀开发和铀利用上的研究是走在世界前沿的，但是，随着战争的不断扩大，部分参加核研究的科学家都是带着一种复杂的心情工作的，其中一部分人并没有全心全意地投入工作，甚至是消极的。

　　德国"铀计划"的核心人物海森堡其实已经认识到许多原子弹的关键技术问题，但在战争期间却故意避开了对原子弹的研究，转而研究反应堆和回旋加速器，这是德国原子弹研究工作没有突破的一个重要原因。

　　海森堡对他的行为曾经作过这样的解释：

　　　　在专制政权下，只有那些表面上与政府合作的人才能进行有效地积极抵抗。

　　另一位科学家罗伯特·容克对此作了进一步的补充：

　　　　海森堡和他的朋友们之所以从事德国原子弹的研究工作，这首先是使另外一些缺乏觉悟的物理学家无法实现事业上的成功，因为他们不应该成功。

　　在德国战败后，著名的物理学家冯·魏茨泽克在听说美国用原子弹轰炸了广岛后，对其他人说："我之所以没有制成，首先是因为其中的大部分人并不真正想搞……如果我们希望德国获胜，我们不会造不出来。"

尽管受到原子弹的道德问题的困扰，并且还怀有对希特勒和具体组织者的不信任，德国的科学家们在研究工作中还是很努力的。

此时在遥远的美洲大陆上，美国的几十万人正在紧锣密鼓地实施着自己的原子弹计划——"曼哈顿工程"。就是这样一个工程把德国远远地甩在了后面，而德国仍然蒙在鼓里。

另外，德国有成就的科学家大都倾向于基本原理和基本现象的研究，不愿意进行平淡、烦琐的技术性工

德国核物理学家海森堡

作，大量既懂得物理学的基本原理，又能从事具体技术和组织工作的人，不是逃亡就是转入其他军事研究部门，造成了德国核研究的脱节。

虽然铀和同位素分离、重水生产等问题的研究最初进展很快，但没有人有效地将它过渡到大规模的生产上去，也没有人有效地组织与原子弹有关的爆炸、辐射等问题的综合研究。

当年美军"阿尔索斯"行动特遣队在德国曾发现一张未能销毁的设计草图，美国负责原子弹研究的格罗夫斯和科学顾问格德斯密特都认为，从图上判断，海森堡等科学家研究的成果，离原子弹爆炸只有一步之遥。

同盟国派出精锐部队
捣乱破坏

重水是获取铀—235制作过程中理想的减速剂，天然水中的重水含量只有1/6000左右。德国重水的来源主要依靠被占领的挪威的维诺克化工厂，它是当时世界上最大的重水工厂。

1942年，英国负责经济战略的情报机构获得的情报称：德国人已经命令在挪威的维诺克化工厂把重水的年产量从每年3000磅增加至10000磅。这一情报意味着德国人在研制原子弹上在已经走在盟国的前面，必须采取果断的措施阻止德国人的研制进展。英国战时内阁决定，由英国中央情报部门组织突击队联合挪威地下抵抗组织，将这座工厂的重水厂炸毁。

经过紧张的筹划，取名为"燕子行动"的突袭行动迅速开展。两架由轰炸机牵引着的满载突击队员的滑翔机从英国起飞，开始进行毁灭性的攻击。几个小时之后，地面的特工人员向焦急等待的伦敦指挥中心发出消息：轰炸机在挪威飞抵目的地附近上空坠毁，机上所有人员不是死亡便是被德国人生擒。第一次突击以失败而告终。

德国军队抓获了几名突击队员后，未经审判就把他们给处决了。英国情报部门也急忙向德方施放虚假信息，使德国情报部门犯下了一个致命的错误。他们根据掌握的情况判断英国偷袭的目标不是维诺克化工厂，而是与工厂临近的一座新水坝。于是，他们把100名加强警戒的警卫部队增派到水坝上，而对化工厂则只增加了12名警卫。

英国情报部门重新制订了袭击计划，情报专家对着地图和模型对新一批突击队员进行了严格的强化训练。

这一次，突击队员将从地面对维诺克化工厂进行袭击。9名突击队员空降到距维诺克化工厂30公里的斯库利凯湖上，与地面的特工会合后，悄悄地向工厂进发。

维诺克化工厂坐落在崇山峻岭中的一个300多米高的峡谷悬崖上，通往峡谷的每一条关卡上都有德国士兵把守。突击小组首先向下滑行到谷底，然后又紧张地爬上近千米的大岩壁，随后他们沿着通往工厂的铁路堤岸匍匐爬行，终于来到了工厂的大门口。由于突击队员们事先已经通过地下特工的标示熟记了工厂的一切，因此，仅用了3分钟的时间就找到工厂与浓缩室相通的电缆道和预定要爆破的水槽、水管等，并很快把炸药放在要害的爆破位置。

这一切做得非常隐秘，把守工厂的德国士兵一点也没有察觉突击队的潜入。随着惊天动地的一声巨响，极其珍贵的上千磅重水从炸碎了的储存罐里流出，随着水沟里的污水消失得无影无踪。工厂里的机器被炸成了一堆堆巨大的废铁。德国的核计划遭到了沉重的打击。一年后，维诺克化工厂被修复了一部分。就在德国人准备重新开始生产重水时，英国人的飞机又来轰炸了，炸毁了工厂的发电设备。

希特勒面对英国人的袭击，先是暴跳如雷，后是气急败坏，他下令"不惜一切代价，把已经造好的重水运回国内"，同时还有生产这些重水的设备也一起带回德国，以防英国人的破坏。这一次，德国人在沿途加强了警戒，增加特工和军队进行保护。在将重水运往德国途中的廷斯贾克湖上，满载着重水和设备的货轮再一次被英国特工预先存放的定时炸弹炸沉在湖底。至此，德国原子弹计划损失惨重，元气大伤。

英国的"燕子行动"摧毁了德国设在挪威的重水工厂，并炸毁了德国运送设备的轮船，从而大大延缓了德国研制生产原子弹的进程，而美国的"阿尔索斯"计划则让纳粹德国的"原子弹梦"彻底破灭了。

1943年秋，美国情报部门向最高统帅部建议，为了彻底摧毁希特勒的原子弹梦想，计划组成一个特别行动小组，到敌占区去搜捕德国科学家以及相关的类似铀和重水等重要的战略物资，刺探科技情报。

当时的美国总统罗斯福立刻就批准了这个代号为"阿尔索斯"的计划。于是，"阿尔索斯"小组成员随军行动，相继在盟军收复的意大利、法国、比利时等地发现并查获了大量的德国相关情报。由小组成员引导，美军成功地轰炸了德国阿吉附近的一个从事铀加工的工厂。他们在海登堡找到了德国重要的实验室，并抓获了德国最著名的科学家海森堡……

至1944年年底，德国境内的生产和实验设备不断地遭到盟军的轰炸，大批的科学家被美军俘获，德国的原子弹梦彻底破灭了。

日本的 "2号研究"
付之流水

　　纳粹的原子弹研制计划被盟国破坏后，他的盟友日本惊恐万状。原来，日本人很早就已经着手开始原子弹的研究工作了，他们给这项计划取名为"2号研究"。

　　1934年，日本的理化研究室和科学家就进行过人工轰击原子核的实验。第二次世界大战爆发后，日本军方拨出巨款在东京空军大楼建立了核弹研究所，妄想依靠原子弹威胁世界，实现所谓"大东亚共荣"的美梦。1940年年底，潜伏在美国的间谍向日本军方密报了美国核计划的秘密，这一情报使日本人在欣喜的同时，又感到万分恐慌。侵华战争中庞大的军费开支严重地影响了"2号研究"的进展程度。

　　作为一个岛国，日本缺乏宝贵的资源。当时日本最大的困难就是缺乏制造原子弹的材料——铀，而日本国内根本就没有原子铀的矿藏。日本人想到了盟友德国。

　　东条英机将日本的想法和得到的美国有关核计划的情报传递给希特勒，并希望希特勒能在铀上给予帮助。希特勒十分痛快地答应了日本的要求，也立刻给予援助，并派出潜艇秘密运输。希特勒如此痛快地答应日本人，主要是根据当时的国际局势做出的决定。

　　当时，德国与美国的决裂已不可避免，为了抑制美国人的核计划，有必要在轴心国内确立核震慑。希特勒认为，一旦美国首先制造出原子弹，那么，对德国必将是极大的威胁，但是，如果日本人在这方面捷足先登，闯入核大门，那么无疑又将是对美苏的威胁。

在一个月黑风急的夜晚，德国一艘装载着核原料的潜艇悄悄地驶向日本。日本大本营同时接到德国方面出发的密电，即刻着手准备接应。这一切都没有逃过盟国谍报人员的眼睛，美国太平洋舰队获得了德国潜艇远航日本的情报。美国海军在德国潜艇必经之路马来西亚近岸处布下了天罗地网，静候德国潜艇的到来。

漆黑的大洋深处，鲸鱼般的潜艇关掉了无线电，悄无声息地向预定目标行驶着。尽管德国潜艇关闭了一切能够关闭的系统，但动力系统是无法关闭的，美国海军的声呐兵测出了潜艇的方位。很快，一枚枚深水炸弹沉入海底，爆炸激起的水柱有两三米高，德国艇终于没能躲过炸弹的袭击，连同珍

行驶的潜艇

贵的铀原料沉入了海底，埋葬在大洋的深处。

　　德国的援助之路被美国人切断后，日本人只好自认倒霉，无可奈何之下，只好在中国的东北以及蒙古等地搜刮少量的资源。然而，从这地方运回去的铀数量少得可怜，对于一个庞大的核计划显然是杯水车薪，因此，日本的"2号研究"进展十分缓慢。

　　1945年，美国空军大举轰炸日本东京，日本空军总部作为军事目标遭美军持续的大规模的轰炸，"2号研究"所在的49号楼也被美国的上千吨炸弹炸得粉碎。

罪恶迷雾

第二次世界大战纳粹真相

德军迷途飞机的命运

　　德国一架先进的"Me—110"型战斗机误入中立国瑞士的领空，被瑞士防空部队迫降。德国为了保证先进技术和绝对机密不被盟军得到，与瑞士当局进行了多方面的较量，并派遣特工人员，企图制造混乱，炸毁这架飞机，找回丢失的机密文件，但都没有得逞。最后纳粹不得不做出了一些重大让步，才妥善处理了那架迷途的飞机。

德国战斗机
误入中立国被迫降

  1944年，已经转入战略反攻的盟军，派出数千架轰炸机不分昼夜地对德国本土进行着狂轰滥炸。德国也为保卫自己的第三帝国不被彻底征服做最后的抵抗。

  在连续不断的空战中，曾经发生过这样一个插曲：德国一架先进的"Me—110"型战斗机误入中立国瑞士的领空，被瑞士防空部队迫降。德国为了保证先进技术和绝对机密不被盟军得到，与瑞士当局进行了多方面的较量，最后不得不做出重大让步，才妥善处理了那架迷途的飞机。

  1944年4月28日，漆黑的夜里，在德国南部的夜空爆发了一场激烈的空战，德国战斗机升空阻拦英国皇家空军的轰炸机群。在混战中，一架由德国少尉威廉·约翰驾驶的3人组"Me—110"型战斗机偏离了方向，闯进了中立国瑞士的领空。

  瑞士杜本多夫空军基地的防空部队用强力探照灯锁定了德国的飞机，然后发射红绿信号弹示意飞机降落。"Me—110"上的威廉少尉无奈将飞机靠近跑道，就在探照灯被关掉的瞬间，他又将飞机拉了起来。瑞士防空部队见到"Me—110"型战斗机重新加速，似乎要逃之夭夭，于是再次用探照灯将其锁定。威廉被强烈的灯光照得头晕眼花，只好降落。

  飞机终于摇摆着停了下来，威廉少尉关上引擎，这时，他们听到飞机外面有人轻叩飞机的驾驶舱，说："请出来，这里是瑞士，你们被拘留了。"飞机内的约翰等3名德国人环顾四周，发现他们已经被包围了，20多名瑞士士兵正手持武器瞄准着飞机。

　　威廉和两名机组人员马上意识到，他们应该立刻将飞机上的秘密装置毁掉，因为飞机上载有最新型的"SN—2"夜间飞行雷达，它可以在4公里外发现盟军的轰炸机。同时，飞机上还有一样重要的新型武器，绰号为"倾斜的音乐"。这是一对高射炮，可以直接向上方开火，用来攻击盟军轰炸机难以防守的机身腹部。

　　此外，无线电报务员阿希姆违反严格的规定，私自携带了一套德国高级别的电码本。如果这个电码本落入盟军情报人员手中，对德军必将会造成更大的破坏。

　　从"Me—110"型战斗机中出来前，阿希姆使劲用脚踢雷达装置，想把它破坏掉，负责发射双子炮的炮手保罗也想把"倾斜的音乐"破坏掉，但他们的努力都没有成功。

　　机舱外的拍击声越来越紧，他们只好把那个密码本迅速地藏入飞行衣的口袋里，这才打开飞机舱

升空作战的战斗机

107

门，爬下飞机。

因为瑞士是中立国，因此士兵们也都还是很友善的，3个德国飞行员来到停机坪上，其中保罗还取出香烟点上，并和那些瑞士士兵聊了一会。

稍后，保罗说要到飞机上去取一些私人物品，没等瑞士的士兵批准，保罗就爬上驾驶舱，试图引爆机舱内的定时炸弹，炸掉飞机。就在他将要触到定时开关的一刹那，几名瑞士士兵紧随其后拖住了保罗的后腿。引爆飞机没能实现。

瑞士的士兵并没有把3名德国人当做俘虏来对待，而是把威廉等3人带到了基地，还向他们提供了酒菜。可3个飞行员知道，再好的招待他们也是俘虏，飞机上的机密定要销毁。3个人酒足饭饱后提出要去卫生间，于是由两名瑞士士兵陪着他们来到厕所，见瑞士士兵的注意力不集中，3人立刻把密码本拿出来一页页撕碎，丢进厕所里并用水冲掉。但还是让瑞士士兵发现了，他们上来抢走了剩下的部分。

当得知"Me—110"型战斗机在瑞士降落的消息后，德国立刻向瑞士提出归还飞机的要求，但是瑞士官方拒绝归还侵犯他们领空的"Me—110"型战斗机。柏林的德国高级将领们此时几近恐慌，他们担心瑞士人会把秘密武器和电码本悄悄转给盟军的情报部门。

108

纳粹怕泄密
千方百计销毁飞机

　　德国党卫军首脑海因里希·希姆莱立刻命令将3位飞行员的家属逮捕，以防3名空军军官叛变。希姆莱还向希特勒建议，立刻派人潜入瑞士或启用瑞士的间谍人员谋杀那3位被俘虏的飞行员，戈林也提出要派飞机轰炸瑞士的杜本多夫空军基地。

　　希特勒最初听到这个消息时大发雷霆，他一面指责甚至谩骂手下的过失，一面拒绝了希姆莱和戈林的建议。瑞士是中立国，目前的战事已经向不利于德国的方向发展，即使有利于德国也不能把事情做得过于绝对。保持与

希特勒

一些中立国的关系对德国是绝对有好处的，因此，希特勒没有采纳他们的建议。

　　希特勒想用秘密的方式来解决这个令人头疼的问题。他恢复了平静后，立刻召见了自己的心腹——德国党卫军少校奥托·斯科尔兹内。

　　奥托被盟军认为是一个颇为狡诈阴险的人物，当初就是他带人劫走了已经被抓获的墨索里尼。如今，希特勒又派奥托到瑞士，去执行一项同样让人难以想象的任务——找到并炸毁"Me—110"型战斗机。

 德国飞机

然而，这一次奥托的命运可没有上次那样好，他在瑞士杜本多夫空军基地周围转悠了好几天，寻找有关德国飞机的蛛丝马迹。他询问了附近的一些居民和刚从基地走出来的无军职人员，得知瑞士官方已经将这架先进的飞机转移到了深山中。这样一来，要想找到飞机就好像大海里捞针一样不可能了。奥托只好灰溜溜地窜回了德国。

希特勒见自己精心策的划行动落了空，于是，只好通过外交手段与瑞士进行谈判。

5月中旬，德国和瑞士终于达成了一个奇怪的协议，在德国军事参赞的注视下，已经运回杜本多夫空军基地的那架"Me—110"型战斗机及其秘密设备被泼上了汽油，点火焚毁了。同时，根据协议，瑞士政府从德国购进了12架"Me—109G"型高性能战斗机。

作为协议的一部分，少尉威廉、雷达员阿希姆和炮手保罗被释放并返回德国。德国情报处在了解了他们在瑞士的具体遭遇和行为后，认定他们没有叛国的行为，随即将他们的家属全都释放了。

罪恶迷雾

希特勒的困兽之斗

　　1944年年末，随着西线盟军诺曼底登陆的成功和东线苏军的胜利推进，德军的处境已是岌岌可危。但是，希特勒仍然幻想着在西线被人们称为"魔鬼阵地"的阿登实施反击，并用代号叫"守卫莱茵河"的计划蒙骗盟军，从而迫使英国人退出战争。他的这个愿望在当时极具操作性，也曾一度使盟军遭遇重大挫折，但由于大势所趋，希特勒所做的一切终成一枕黄粱。

盟军东西并进
围困德国柏林

　　1944年年末，随着西线盟军诺曼底登陆的成功和东线苏军的胜利推进，德军的处境已是岌岌可危，但是对穷途末路的希特勒来说，他仍然幻想着他的第三帝国还能重新强大起来。

　　1944年12月10日，希特勒在盛大的欢迎场面中，离开了因为轰炸已经变得满目疮痍、陷入瘫痪的首都柏林，登上了开往西线的火车。同时，60多名陆军元帅和将军已经接到神秘而且是前所未有的命令：要求他们单独去地下掩体汇报。这个地下掩体是距离前线25公里的一个被称为"鹰巢"巨大的地下掩体，希特勒就是从柏林来到这里准备实施他的计划的。

　　12月11日，当元帅和将军们进入地下掩体时，他们都被板着脸的党卫军下级军官解除了随身携带的武器。然后，他们坐到了一间大会议室的椅子里，那些椅子事先被摆成一排排的，就像学生在教室里一样。几分钟后，房间的一扇门打开了，希特勒从里面走出来。对于那些追随元首多年的元帅和将军们来说，面前元首的样子令他们感到震惊。此时的希特勒看起来像是一个身心衰竭的人，他的脸色很难看，似乎很不健康，双手也有些微微的颤抖。

　　军官们心中的元首已经未老先衰了。一种可怕的沉寂笼罩着整个房间。稍后，希特勒用低沉的声音开始讲话。在一个多小时的时间里，希特勒杂乱无章地说着德国过去的伟大战绩，谈论他创立纳粹党的目标和胜利。

　　虽然，这些话大多数军官已经听到过无数次，但他们不敢表现出一丝坐立不安和不耐烦的神情来。他们也不敢伸手去掏手绢，因为他们害怕这样的

举动会被布满房间里的党卫军士兵理解为去掏藏匿的手枪。因此，即便是他们心中想着其他的事情，但在外表上也给人一种全神贯注地倾听的感觉。

突然，希特勒的讲话停了下来，房间里又是一阵死一样的沉寂。过了好长时间，希特勒才又开口。他说："我已经做了一个重大的决定，我将在西线采取攻势。"

陆军元帅和将军们都惊呆了。近5个月来，盟军的攻势始终很猛，一直在向德国挺进，而且已经将德国包围。如今盟军已经沿着德国的边界部署完

轰炸的面目全非的城市

毕，即将发动猛烈的攻势来结束在欧洲的战争。在这个时候德国还能开展攻势吗？陆军元帅和将军们心中不免有这样的疑问。

希特勒一边回味着逝去的辉煌岁月，一边指着西线的地图说："我将在这里打击敌人！"说着，他用手使劲地戳到地图上的一个点。

指挥官们再次瞪大了双眼。希特勒用手指的是被人们称为"魔鬼阵地"的阿登。这个位于比利时和卢森堡之间60公里的地区根本不适合打仗，那是一个多丘陵和被森林覆盖的地区。进入这个地区，德国军队的装甲部队只能行驶在狭窄、崎岖、覆盖着冰雪的山路上，这样的道路非常不利于部队的调动，甚至可以说是不可能。

客观地讲，在选择是为胜利做孤注一掷的最后一搏上，还是和西方国家媾和上，希特勒的选择还是有其高明的地方的。因为希特勒看到了洋洋得意的盟军指挥官已经被巨大的胜利冲昏了头脑，他们不可能想到德国军队会在冬天从阿登地区展开进攻。如果这一役取得成果，就将改变整个战争的局面。

希特勒所幻想的是，假若能够再造成一个敦刻尔克，那么英国人就会实际上被迫退出战争，他就可以获得喘息的机会，从而在东线战场上阻止苏联红军的进攻，从而形成一种僵局。

希特勒对这个计划倾注了极大的寄托和希望，同时也充满了不切实际的幻想。第二次世界大战结束后，德国西线总司令龙德斯泰特元帅曾经说过："照我看来，对于这样一个具有极大雄心的计划，我们所能动用的兵力实在是少了。事实上，没有一个军人会相信到达安特卫普的目的是真正实际可能的。然而我们无法与希特勒争论，那样也只是徒费口舌。"

因此，伦德斯泰特向希特勒提出了一个自认为可以使希特勒既欣赏又比较具有实际可能性的计划，从而希望希特勒能够放弃那个荒谬的想法。但是，希特勒拒绝了龙德斯泰特的建议，坚持自己原来的计划。

此时的希特勒正在用他低沉的声音向自己的指挥官们讲解着这个计划的意义和实施方案。希特勒的计划是用强有力的先头部队粉碎组织不善的美军

防线，并朝西北200公里发动突袭，占领关键性的港口安特卫普——盟军依赖它供应西线的大部分物资。

希特勒强调，计划的成功关键在于两个至关重要的因素：一个是保密，再一个是速度，两者缺一不可。保密可以通过一个精心策划的蒙蔽计划来实现，而速度就是在保密的前提下，迅速将两支装甲部队从离开后方10公里的地方火速调集到前线，而盟军对这么大型的军事行动要毫无察觉。

为了蒙骗盟军，德国人给这次军事行动起了个代号叫"守卫莱茵河"，可以看出，这是一个体现防御姿态的名称。

纳粹穷途末路
实施蒙骗计划

就在德国指挥官们离开"鹰巢",火速赶回他们的岗位后,西线总司令龙德斯泰特立刻开始执行蒙骗计划。他一面用无线电将"守卫莱茵河"的计划发出去;一面命令西线的德国军队全线停止一切进攻,而准备为德国建立最后一道防御工事。

盟军的无线电窃听部门轻易地将德国的这个密电破译出来,盟军为德国的退缩而感到兴奋。在亚琛地区,美国人正在为庞大的进攻调集部队。

希特勒指示德国情报部门在这一地区设立一个虚假的电台网络,模拟子虚乌有的第二十五集团军的存在,以使得盟军在监听德军无线电时确定这个德军后备军已经调集到亚琛地区,以应付盟军的猛烈进攻。

就在美国人在亚琛地区忙着调集部队的同时,德国军队正在悄悄地实施着"守卫莱茵河"的计划。

1944年12月13日晚,上千吨已经收集起来的稻草从后方运往前线,并被铺设在道路上用来消除坦克和车辆发出的声响,大炮也由钉着特殊马掌的马来运送。标有阵线后方行军路线这种所有军队中的常规程序被严格禁止,因为任何一名盟军的间谍只要发现这些标记就能意识到有庞大的部队在调动。在白天,禁止任何车辆开动,无论它们的所有者是什么官衔,只要是违背这项禁令,交通工具的轮胎就被刺破,被追究责任。

特定的军官被严令指派为道路的指挥官,他们的作用就是要加强执行伪装措施,这些被指派的军官有着极大的权力,他们可以逮捕甚至枪毙任何一个违令者,无论他是将军还是士兵。

第二天的晚上，德国军队的坦克、大炮、车辆等已经离前线越来越近，德国的空军也飞到前线，看似在执行任务，其实是在用飞机发出的噪声来掩盖地面部队可能会泄露秘密的声音。

离进攻时间还剩一天的夜里，德国军队的每一名士兵、每一辆坦克、每一支冲锋枪、每一辆弹药车和每一门大炮都已经到达精确的指定位置上。这时的美国人还一点也不知道这里发生的一切。

同时，希特勒为了给盟军制造混乱，派出了一连会说英语的突击部队。突击队员穿着美军的野战夹克，并乘坐美军的吉普车，趁着美军战线被突破的机会，分成若干个小群赶在撤退中美军的前面向其后方地区到处渗透。他们切断电话线，移动路牌使得正在调动的美军走错方向，悬挂红布条以示道路上已经布雷等。总之，他们用可以使用的一切手段来制造混乱。

希特勒本来在派出突击队后，还有另外一个设想，就是想派出一个装甲旅，也是同样进行伪装，然后用它们长驱直入去夺取马斯河上的桥梁。但是，这个计划始终也没能实施。原因是集团军能够提供的坦克和卡车的数量还不足所需要的零头，所以这个计划也就最终被放弃了。

德军突击队在美军的后方的确造成了巨大的混乱，甚至超出了希特勒的预期。差不多有40辆吉普车混入了美军的后方，并到处制造混乱。在这40辆吉普车中只有8辆落入了美军的手里，其余的全部返回到了德国境内。

美军士兵每逢在路上相互遭遇时，都认为对方是德国突击队员。美军士兵已经被搞得极度紧张，他们看谁都像是德国突击队员。结果造成了美军在后方到处拦截车辆进行检查，有数以百计美国军人因为在回答问题时使人感到怀疑而被拘捕，就连集团军的司令布雷德利都曾经被要求出示证件。

后来布雷德利回忆说，当时有一个士兵曾经非常慎重地考问了我3次跟美国有关的事情。第一次是考问美国的地理，第二次是考问足球的规则，第三次考问的是美国一个大明星的现任丈夫是谁。

可见当时美军内部是何等的紧张，这样的考问使得前来联络或参观的英国军人简直是烦透了，因为这些人根本就不知道纯粹美国文化的考题。就这

119

样，美军在远达后方巴黎的大范围内，采取了一种近乎瘫痪性的安全措施，结果是瞎折腾了十多天。希特勒的蒙骗计划取得了成功。当德国军队的1900门大炮发出巨大的轰响，雨点般的炮弹落在美军士兵的头上，当德国军队的20个师、1000辆坦克及装甲突击炮，把美军80公里的防御阵地冲破出一个大洞后，美军第八军指挥官米德尔顿将军和参谋长一起对着作战室内的大地图发愣。他们惊呼：希特勒这个混蛋从哪里搞来了这么多的部队？

　　然而，这只是昙花一现，希特勒的反攻计划只是在一开始起到了作用。

穿美军军服的德军特遣队潜入美军防区破坏（模拟场景）

在阿登会战的前期，德国的确给了盟军很大的打击，但在后期便逐渐衰落下去，并无法挽回彻底失败的命运了。原因就在于德国本身有许多内在的困难，尤其是资源的枯竭已经无法保障希特勒膨胀的野心。在此战役中，德国军队的坦克和其他车辆因为缺少油料，在进攻的途中常常要无奈地停止前进，只能原地等待油料的到来，结果错过了进攻的绝好机会。

德军的将军们曾经很有感慨地说："正因为缺少燃油之故，我们的预备队站在那里排着大大的长龙，分布的地带有100公里，而这是我最需要他们的时候……"

盟军经过6个星期的浴血奋战，将德军的攻势阻搁在已经插入比利时的60公里处。

希特勒在孤注一掷的反击中，也将自己"进攻是最好的防御"的军事信仰发展到了极限，由于他不顾实际地下达不准撤退的命令，最终也只能坐以待毙。

121

罪恶迷雾

第二次世界大战纳粹真相

日本投降前后的丑态

　　1945年8月15日，日本天皇发表停战诏书，正式宣布无条件投降，饱受蹂躏国家的人民终于可以过上安稳的生活了。然而，当人们在庆祝这一胜利的时候可能不会想到，日本在投降的背后，还存在着许多令人震惊的龌龊的交易；战胜国和战败国之间、战胜国和战胜国之间，都还存在着不能见光的勾当。

日本天皇发布
投降停战诏书

1945年8月15日，日本天皇发表诏书正式宣布无条件投降。人类历史上最残酷的战争——第二次世界大战结束了，包括饱受侵略蹂躏国家在内的世界人民终于可以过上安稳的生活了。

当人们在庆祝这一胜利的时候，可能不会想到，日本在投降的背后还存在着许多的令人震惊的龌龊的交易。

美国军队经过一年多的艰苦奋战，在1943年下半年终于赢得了战争的主动。尤其是1944年马里亚纳群岛战役，美军从战略防御转入了战略进攻。这次海战是日美双方在太平洋上的决战，也是人类历史上规模最大的一次航空母舰大战。

在海战中，美军先后攻占了塞班岛、关岛和提尼安岛，全部歼灭了岛上约70000多日本守军，日军在太平洋上的战略防御严重瓦解。由于核心地区的丧失，日本大本营规定的"绝对确保的国防圈"面临崩溃，美国军队已经基本控制了中太平洋上的制海权和制空权。日本海军在失去了远洋作战的空中支援后，美军在此领域就有了更大的主动权。

此时的日本已经日暮途穷，苟延残喘。美军轰炸机开始对日本本土进行猛烈轰炸，战火直燃日本本土。

1945年7月26日，由中国、美国、英国三国签署的《波茨坦公告》向世界发布，要求日本无条件投降。

马里亚纳群岛的失陷和日本本土遭到的轰炸，极大地震动了日本，加剧了日本统治阶层的内部矛盾。《波茨坦公告》的发布，日本国内主降派与主

战派的争吵由此开始，愈演愈烈。

日本的主降派有：新任首相铃木贯太郎，海相米内光政和外相东乡茂德。主降派认为，投降虽然在日本国体上留下了污点，但是从美英两国的舆论看，至今并没有提及改变国体问题。仅就投降而言，尚无须为国体忧虑。

日本的主战派有：陆相阿南惟几、参谋总长梅津美治郎、海军军令部总长丰田副武。主战派认为，日本还没有战败，还有决战本土的机会，决战本土会让美国人受到沉重的打击，说不定还会扭转战局。

对于如何回应《波茨坦公告》，日本内阁召开会议。会上外相东乡率先发言，他说："鉴于《波茨坦公告》是和谈的唯一基础，所以我认为在政府能够采取这种或那种坚定立场之前，不应该把这个公告公诸于人民。"

立即有人反对："既然公告已经在全世界广播，相信日本人民也不会听不到，因此，日本人民理应从自己的政府那里正式获悉这个消息。"

陆相阿南说道："倘若把有关《波茨坦公告》的消息公之于众，政府就必须同时表明他反对公告条款的理由和希望日本国民采取的态度。"

最后，会议通过了一个折中的方案：

政府既不对这一公告完全置之不理，又不在界定自己的立场之前把它公布出来。

因此，内阁决定发表一个措辞含糊的消息，政府不表态，报纸也不渲染，可删节，但不可评论。然而，由于日本强硬派占据着上风，后来在《朝日新闻》上，不仅原文刊登了《波茨坦公告》，而且还在评论中将公告说成是"没有多大价值的玩意儿"。

这种结果与内阁会议的决定大相径庭。更令东乡感到意外的是，铃木首相在记者招待会上竟然直言道：

《波茨坦公告》只不过是《开罗声明》的旧调重弹，政府认

为，这个公告是没有多大价值的玩意儿。我们对它根本不屑一顾，政府决心继续进行这场战争，直至胜利。

日本的态度激怒了美国，1945年8月6日，日本广岛遭到第一枚原子弹的轰炸，8月9日，日本长崎遭到第二枚原子弹的轰炸。

两枚原子弹炸蒙了日本人，而就在美国向日本投放原子弹的同时，苏联也对日宣战，出兵中国东北，使得日本一些还存在幻想的动摇派彻底放弃了继续战争的想法。内阁会议上，首相铃木与往常会议相反，第一个发言，他说：

鉴于广岛事件和苏联出兵满洲，日本实际上已经不可能再继续战争。我认为，我们除了接受《波茨坦公告》外，别无其他选择。

他用目光在会场里扫了一圈，表示要听听在座诸位的意见。会场里鸦雀无声。海相米内打破了这种沉寂，他说："大家缄口不语，那就一事无成。我们是否同意敌人的最后通牒，是无条件投降还是提出条件？我们应该在此时此地来讨论一下。"

于是，其他与会者纷纷表达了各自的观点，最后，与会者除一致认为日本的君主制必须保留外，对其他观点的分歧非常尖锐，各不相让。铃木、米内、东乡主张在保留君主政体的基础上，接受盟国的最后通牒。阿南、梅津美治郎、丰田希望必须加上另外的条件，这些条件是：盟军向日本派驻的占领军要是最小规模的；日本战犯由日本方面而不是双方来审判；由日本方面遣散日本军队。显然，主战派是无法接受战败和投降的想法的。

东乡反驳道："日本目前的情况朝不保夕，即使日本想提出若干条件，同盟国也不会同意，他们是可能断然拒绝的。"

梅津争辩道："日本尚未输掉这场战争，倘若美国人进犯日本本土，我

南京受降仪式 ⌄

们的军队仍然可以有力地阻止他们，他们的伤亡一定是非常惨重的。"

东乡回击道："即使敌人的首次进攻被击退，但是，日本的防卫能力也会更加衰弱，敌人的下一次进攻日本绝对是挡不住的。如果那样，不如现在就接受这个公告，只要能留住日本皇室。"

米内接着说："是的，我们可以为日本赢得第一场战斗，但无法赢得第二场战斗。我们大势已去了，所以，我们应该抛开脸面，尽快投降。我们应该保存我们的国家。"

阿南不服气地说："我们不是打肿脸充胖子，说我们已经失败，未免为时尚早。毫无疑问，假如敌人进攻日本，我们一定会给他们带来惨重的损失。或许这就能扭转战局，反败为胜，这也不是没有可能的。"

这时，农业、运输和工商等几个大臣都表示了反对的意见，他们从日本的经济上说明了日本之所以不能再战的理由——由于轰炸造成的损失和农作物的减产，都已经不再有实力支持日本打下去了。内务大臣和另外的几个大臣叫嚷着坚决反对接受《波茨坦公告》，日本应该继续战争。

内阁会议一时解决不了分歧，无奈之下，铃木只好决定把这个情况向日本天皇裕仁作了汇报，请求他来裁定。

这天夜里，裕仁召集内阁大臣首相铃木贯太郎、海相米内光政、外相东乡茂德、陆相阿南惟几、参谋总长梅津美治郎、海军军令部总长丰田副武，另外还有平沼男爵到皇宫开会。

会上，铃木首先向裕仁汇报了白天内阁成员会议争论的主要分歧。他说："现在的形势是，最高战争指导会议分成了两派，无法取得一致。"

东乡第二个发言，他阐述了自己的看法后，说："日本应该接受《波茨坦公告》，只要盟国能够接受在保留日本的问题上作出保证。"

阿南则气势汹汹地站起来，表示反对："日本应该打下去，对日本来说，最后的较量尚未开始，胜负未定。如果接受投降，他们必须接受4项条件：保持日本君主政体的完整，保证日本有权遣散自己的军队，自己审判战犯和限制占领军的规模。"

梅津听了阿南的话，不住地点头，道："我赞同日本应该继续打下去，日本仍然比较强大，现在接受无条件投降只能使日本战死的英雄们蒙受耻辱。投降，必须要坚持这4个条件。"

丰田也同意继续战斗下去。随后，首相铃木说："显而易见，我们现在不能达成一致的意见。鉴于这种情况，我认为还是请陛下钦定。"

一直缄口不语的天皇裕仁这时开口发言，他说：

> 继续战争只能造成日本人民的毁灭……显然，日本已经无力进行战争，能否继续保卫自己的国土也令人值得怀疑了。

裕仁的语调变得很是低沉：

> 毋庸讳言，眼见朕之忠心耿耿的军队被解除武装，实在难以忍受。但是，现在需要忍所不能忍，耐所不能耐。所以，我打算全盘接受他们的条件。

裕仁讲完话后，最高委员会的委员们满面泪痕，鞠躬致敬。陆相阿南打破沉寂气氛，高声嘶叫："请陛下不要投降！"裕仁转身，慢慢地走出房门。

委员们遵照裕仁的指示，向瑞典和瑞士发出了一封电报，转给中、美、英、苏4国，内容是：

> 日本政府准备接受1945年7月26日由美、英、中国政府首脑在波茨坦发表的、后由苏联政府参加签署的联合声明提出的所有条款，如果日本皇室及国家主权不受任何损害的话，日本即无条件接受《波茨坦公告》。

通知盟国的正式照会该怎样发出去呢？如果用电报发，军方新闻检察官知道是投降的内容，就有可能扣留，那就会延误大事。最后决定把照会的英文本通过新闻通讯社国际新闻主编，用莫尔斯电码发给美国和欧洲几个主要国家。8月10日上午7时33分，美国收到了这个电码。杜鲁门召集国务卿贝尔纳斯、陆军部长史汀生等人开会。他问，这是不是可以认为日本已经接受了《波茨坦公告》？如果是，那么要不要保留天皇制？

史汀生向杜鲁门建议，日本的天皇是可以保留的，因为保留天皇对美国是有用处的。美国需要天皇的帮助，使分散在各地的日本军队尽快投降。而福雷斯特尔则反对保留，认为这是从无条件投降的倒退。

下午14时，杜鲁门在白宫宣读了由国务卿草拟的复文：日本天皇与日本政府对国家的统治权应当隶属于盟军最高司令。日本政府的最终形式将依日本人民自由表达的意志建立。日本外相东乡在研究了这个回文后，认为日本应该接受这个复文。他相信，根据这个照会的条款，日本的君主政体将得以保留，如果拒绝这个照会，日本就完了。

与此同时，陆军省少壮派军官在得知盟军的复文后，表示坚决反对。他们冲进阿南的房间，要求阿南拒绝这个复文。这些青年军官的发言人是阿南的内弟竹下中佐，他用冷冰冰、恶狠狠的口吻宣布："拟议中的投降决不能付诸实施，否则，陆相必须剖腹。"

阿南两眼直直地盯着他的这位内弟，双唇紧闭。他心里明白，他反对铃木、反对东乡可以，但他绝不能反对天皇。于是，阿南决定拜访天皇的三弟，想说服他去改变皇兄的主意。但这位亲王让阿南非常失望，亲王直截了当、毫不客气地对阿南说："自战争以来，军部的举动一直在忤逆天皇的旨意，现在依然如此。事态已经发展到了目前阶段，还想打下去，是很不合适的。"

8月13日上午，裕仁在皇宫召开内阁阁员、最高战争指导会议成员和他的几位高级政府官员参加的御前会议。在所有的人都坐好后，裕仁用低沉的口气缓缓地说道：

我已经仔细地听取了反对日本接受同盟国回文的理由。不过，我仍持己见——战争拖下去，徒劳无益。我也研究同盟国的回文中所提条款，得出的结论是，这些条件完全承认了我们自几天前发出的照会中所表明的立场，我认为这个回文是可以接受的。如果我们继续打下去，日本就将成为一片焦土，虽然你们中有人认为我们不能完全信任同盟国，但我觉得，迅速、和平地终止战争总比看到日本被消灭要好。

我知道，军队对我的这个决定势必感到格外沮丧。陆相和海相也许很难说服他们接受这样的决定，但我愿意到任何地方去解释我们的这种做法。我希望内阁立即起草终战诏书。

回到陆军省，阿南向全体军官传达了天皇的旨意。

一名少壮军官当场发难："难道阁下忘记了你本人的名言：只有断头之将，没有屈膝之将？"

有人大哭："与其投降，莫如一死！"

阿南"啪"的一声把自己佩带的手枪摔在桌子上，吼道："圣断已下，只有服从。谁要是不服从，就请先杀我！"

8月15日中午11时30分，日本广播协会的那座乳白色的大楼周围站满了卫兵，三步一岗，五步一哨，戒备森严。日本天皇裕仁投降的诏书录音送到了这里。接近正午，日本举国上下都在关注着这一时刻，他们都在恭候着天皇的声音。此时此刻，东京的日常生活已经全部停顿下来，人们都聚集在收音机旁收听广播。12时整，收音机里传来日本国歌，稍后，传来裕仁低沉而缓慢的声音：

朕深鉴于世界之大势及帝国之现状，欲以非常之措施收拾时局，兹告尔忠良之臣民：朕已命帝国政府通告美、英、中、苏4国，接受其联合公告……

131

"国家神风团"
发动政变抵制

　　1945年8月15日，日本将要在这一天宣布无条件投降。然而，在日本国内，反对投降的青年军官竟然想用政变的方法来推翻裕仁已经作出的投降决定——特别是要杀死裕仁身边的几个主降的大臣。

　　这天凌晨4时，由警备队司令佐佐木大尉率领的所谓"国家神风团"敢死队30多人，乘着卡车在夜幕中由横滨向东京疾驰。这伙人杀气腾腾，扬言要杀死国家之"叛逆"。他们的第一个目标就是总理大臣铃木贯太郎。

　　"国家神风团"到达首相府后，佐佐木命令把两挺机枪架好，对准首相府便开始扫射。打了一阵后，佐佐木带人冲进首相府。他们来到值班室，警卫早已经逃跑了。他们在走廊里见到一位支持他们的警卫，这名警卫告诉佐佐木，铃木现在不在首相府，而是在丸山的家中。佐佐木感激地握住对方的手，称日本不会投降，日本不会被出卖。随后，佐佐木叫人搬来汽油，他大声叫喊道："烧，烧，烧掉首相府！"

　　几个士兵把汽油倒在地毯上，佐佐木掏出打火机，把手帕沾上汽油点燃，然后扔向地毯。大火呼呼地燃烧起来，首相府顷刻之间就被大火吞噬。"国家神风团"敢死队的这伙人此时又跳上卡车，向丸山铃木的私宅冲去。

　　一阵急促的电话铃声吵醒了正在酣睡的铃木肇，他是总理大臣铃木的儿子。铃木肇抓起电话没好气地问："谁？半夜三更来电话？"

　　话筒里传来首相府警卫官山口的声音："情况紧急。有一伙叛乱分子袭击了首相府，使用了机枪、手榴弹，还放火烧了首相府。他们现在正坐卡车向首相私宅开去，快告诉总理，赶快离开私宅，危险！他们就要到了，赶快

离开！"

铃木肇大吃一惊，顾不了许多，冲进父亲的房间，拉起床上的父母，连衣服都没来得及穿好，便急急忙忙奔下楼，叫上司机一同跑向停在小巷里的汽车。

可是越乱越出错，汽车怎么也发动不起来，急得司机一头大汗。铃木肇知道，叛军的卡车很快就会到达这里，他跳下车，喊来了几名值班警卫，让他们上来帮助推车。在10多名卫士的帮助下，汽车终于发动了。

铃木的车子刚刚开上公路，迎面开过来一辆大卡车，车上的士兵举着手中的枪，疯狂地挥舞着。铃木肇紧张地让家人扭过脸去，以免被认出。佐佐木率领的"国家神风团"敢死队，与铃木的车擦身而过。铃木逃过了一劫。

尽管陆相阿南一再告诫陆军省的青年军官们要保持克制，不可有违圣上的叛乱，但是，处于疯狂状态的军官们怎能听进无力的劝告？一批少壮军官串通起来，他们要用武力除去内阁中的主降派，迫使天皇接受他们继续战争的要求。

要想进入皇宫，实现这样的目标，就要首先取得近卫师团长官森赳将军的支持，因为他负责皇宫地区的守卫任务。如果得不到森赳的支持，就要与其产生对峙，那样，行动就会失败。

15日凌晨1时多，参与反叛的井田中佐来到森赳将军的寓所，想劝说这位将军支持他们的行动。森赳将军没有答应他，说他已经发誓要遵从天皇的圣断，所以，不能违抗。这时，井田被近卫师团的参谋长叫到另一间办公室。就在这时，反叛军官上原重太郎大尉和中健次少佐来到这里，与森赳将军没说几句话，就发生了争执。森赳将军和在场的他的内弟白石中佐被枪杀。事已如此，反叛军官们的政变只有提前了。

中健少佐立刻着手发布《皇家近卫师团第五八四战略命令》，盖上师团长的印章后，将命令迅速发布出去了。这时，皇宫已经被叛军包围并占领。

此时的叛军军官已经有些失去理智，他们冲进皇宫，到处搜寻裕仁天皇的投降诏书的录音。然而，他们没有得逞，在偌大的皇宫里寻找一个录音，

简直是大海捞针。

早晨5时10分，日本东部军田中大将决定亲自到近卫师团去平定这场叛乱。他率领副官等人来到近卫师团司令部，他已经得知占领皇宫的部队是近卫师团第二联队，于是，他首先来到近卫师团第一联队。这时，第一联队全体官兵正全副武装，准备开往皇宫，见到田中大将的汽车开过来，联队长渡边大佐急忙跑过去，立正敬礼。

田中问："给第一联队的作战命令是由谁下达的？"

渡边回答："是石原少佐。"

"他人现在在哪里？"

"就在隔壁房间。"

"传他进来！"

石原脸色苍白，双唇紧闭，来到田中面前。

"你好大的胆子！"田中吼叫道，"你身为皇军军官，竟然敢违抗圣命！"随后吩咐道，"把他抓起来，交给军事法庭！"

石原笔直地站着，他明白这次政变失败了，他是第一个被捕的反叛军官。

逮捕了石原后，田中立刻给已经占领了皇宫的第二联队队长八贺大佐打电话，命令八贺立刻去迎接他。田中的汽车径直开到紧闭的黑色大门前面，此时大门已经打开，田中来到时，八贺已经在此等候了。八贺见田中的车子开来，忙跑过去向田中敬礼。田中严肃地向八贺命令道："《第五八四命令》是假的，森赳将军已经死了。从现在起我亲自指挥皇家近卫师团。现在，我命令你马上率领你的部队撤离皇宫。"

"是。"八贺立刻带出还在搜索录音的士兵们。

时间已经临近中午，天皇的诏书就要播出了。此时的皇宫外的草坪上，石原少佐用枪杀森赳将军的手枪对准了自己的太阳穴，扣动了扳机。在他的不远处，中健少佐高高举起了战刀，刺进了自己的肚子。

"护皇应变诏书"
受到舆论谴责

1945年8月15日这一天，广播里传出了日本天皇裕仁宣读的《停战诏书》。然而，历史的事实是，在日本向盟国发出无条件投降的照会以后，1945年8月15日这一天的早上8时，中国、美国、英国和苏联就在各自的国家播放了各国领导人的讲话，就是宣布日本已经投降。

而日本天皇的诏书只能在这一时间之后来广播。但是，在裕仁的所谓《诏书》播出后，全世界一片哗然。愤怒的人们向日本发出了强烈的谴责。

无奈之下，日本天皇只好在9月2日，日本在投降书上签字的当天，再一次向世界人们发布了他的第二个《诏书》，而这个诏书才有了一些真正的投降意味。我们平时常看到、听到最多的所谓《诏书》，是日本天皇在1945年8月14日录制，8月15日中午对外广播的《诏书》，也就是被盟国拒绝，对外有效力的《诏书》。内容是：

　　朕深鉴于世界之大势及帝国现状，决定采取非常措施，以收拾时局，兹告尔忠良臣民：朕已饬令帝国政府通告美、英、中、苏4国，接受其联合宣言。

　　盖谋求帝国臣民之康宁，同享万邦共荣之乐，斯乃皇祖皇宗之遗范，亦为朕所拳拳服膺者。

　　往年，帝国所以向美英两国宣战，实也出于希求帝国之自存与东亚之安定，至如排斥他国主权，侵犯其领土，固非朕之本志。但自交战以来已4载，尽管陆海将士勇敢奋战，百官有司励

精图治，一亿众庶克己奉公，然而战局未能好转，世界大势也于我不利。加之，敌方最近使用新式残酷的炸弹，使无辜国民惨遭杀伤，残害所及，殊难估计，如仍继续交战，不仅终将招致我民族之死亡，且将破坏人类之文明。

如此，则朕将何以保全亿兆之赤子，陈谢于皇祖主宗之神灵？此朕所以饬帝国政府接受联合公告者也。

朕对于始终与帝国为解放东亚而努力之诸盟邦不得不表示遗憾。念及帝国臣民之死于战阵、殉于职守，毙于非命者及其遗属，则五内如焚。

对负战伤、蒙战祸、损失家业者之生计，朕至为轸念。帝国今后之苦难固非寻常，朕深知尔等臣民之衷情。然时运所趋，朕欲忍其所难忍，以为万世之太平计耳。

朕于兹得以维护国体，信赖尔等忠良臣民之赤诚并常与尔等臣民同在。如情之所激，妄滋事端，或同胞互相排挤扰乱时局，因而迷误大道，失信于世界，此朕所戒。宜举国一致，子孙相传，确信神州不灭，念任重而道远，倾全力于建设未来，笃守道义，坚定志操，势必发扬国体之精华，不致落后于世界之进化。尔等臣民其克体朕意。

昭和二十年八月十四日

仔细阅读这个《诏书》，就会发现它有很多让人无法接受的谬误。"8·14《诏书》"的内容性质究竟是什么？这是一个应引起重视，有必要仔细弄清楚的问题。国内对该诏书的叫法不尽相同，有叫做"停战诏书"的，有称为"终战诏书"的，还有的直接称作"投降诏书"。但是，几种叫法都一样地把诏书的内容性质概括为"宣布日本无条件投降"。这种概括很不准确，模糊了"8·14《诏书》"内容的实质，即护皇应变、颂扬侵略、谋图军

国之再起。这种概括还麻痹着国人对日本法西斯侵略哲学的警觉。

让我们简述一下《诏书》的背景，并仔细审读一下它的内容。

该《诏书》是日本高层文秘与内阁官员，甚至日皇裕仁也亲自参与的集体作品。1945年8月10日黎明，即裕仁就有条件接受《波茨坦公告》，也就是有条件接受投降的第一次"圣断"刚刚结束，有关《诏书》的起草工作就已经开始动笔了，用了3个夜晚才正式脱稿，并曾经秘密交由著名汉学家对文字进行校订，再按日皇及内阁的意见进行修改，最后才定此稿。

14日正午，裕仁做出第二次"圣断"——在无条件接受《波茨坦公告》及向中、美、英、苏四国发出投降照会后，紧接着办了3件事，首先由大本营向军队拍发"遵从圣断"的命令；22时，裕仁在议会宣读《诏书》，同时由政府向盟国发出无条件投降的照会。

这一过程告诉我们，《诏书》的基调是第一次"圣断"的精神，因为《诏书》并不属外交文件，所以在第二次"圣断"后并无改动，也就是说，向盟国明确表示无条件投降的态度，是交由政府的外交照会来办的，《诏书》的用意更多更深。在研究中我们会发现，《诏书》是那般精雕细琢，所用词语是非常讲究和精炼的。我们对它绝不可以粗心大意对待，而应该认真地、仔细地剖析它的真正主题和深远用意。

在《诏书》的开始，便自称"朕"，"尔等忠臣良民"，尊卑分明，惯例依旧，纯属日本国内的特殊公文形式，就是专为天皇发号施令准备的格式之一。《诏书》的颁布和录音广播，都是日本国内的事情，并没有当做外交公文送达中、美、英、苏4国。

《诏书》中通篇没有一个类似于"降""败"之类的词语，分明贯通一个用词原则：讳言"降"字。对投降之事，以只可意会，不可明言的态度处理，极精简而淡化地讲了一句："朕已饬令帝国政府通告美、英、中、苏4国，接受其联合宣言。"投降内容成了隐含的潜台词。

《诏书》不说"投降"，连"战败"也不说，只说采取非常措施，"收拾时局"。

《诏书》这种态度至少反映出两层意图：一是维护天皇的面子，因为日本有"生不受俘虏"的圣谕律令；二是以"内外有别"，两副面孔的态度，以外交照会向中、美、英、苏宣告无条件投降；同时以《诏书》向日本军队和国民做思想政治工作。第二层意图尤为重要。

在《诏书》中，通篇对日本发动的侵略战争没有半点悔意，反倒仍在颂扬日本法西斯侵略暴行，把侵略目的辩护为"求帝国之自存与东亚之安定"，"解放东亚"。这些诏告，正被今天日本右翼势力重复鼓吹。

面对已经战败的局势，日本人的心中是何等地不愿接受，在《诏书》中没有任何承认战败的文字。本来草稿中先写的一句"战势日非"，定稿时还根据陆相阿南的执拗主张做了修改，改成"战局未能好转"。

从《诏书》中我们可以看到，日本死不认输的逻辑是：之所以现在投降，并非因为日本现在已经战败，而是因为预见到"如仍继续交战，不仅终将招致我民族之灭亡，且将破坏人类之文明"。

明明是日本战败，明明是日本破坏人类文明在先，遭到世界人们共同讨伐、欲毁灭之在后，反而颠倒黑白说成日皇是为了挽救人类之文明而接受联合公告，似乎是一份在没有失败的情况下接受公告

日本战犯在远东国际法庭

的"文告"，连日本也有学者以批判态度指出这份诏书通篇找不出一句"败了"的话。

更有甚者，《诏书》继续顽固地仇视和轻蔑中国。《诏书》中写道："自交战以来已4载"。什么意思呢？

就是日本根本不承认"九一八"以来的14年中日战争，也不承认"七七事变"以来的8年中日战争，而只承认"向美英两国宣战"以来这短短的4年。此种说法的意思是诏告日本国民，所谓"收拾时局"，就是收拾向美英两国宣战以来的4年战争的时局。

日本早就公开否认有抗日的中国政府和中国军队。自占领南京以后，日本就宣布不再将中国国民政府作为对等的对手，说中国国民政府已成为"地方政府"，尤其在扶持汪精卫伪政权登台以后，所有官方文书、大本营军令，都把南京汪伪傀儡政府称为"中国政府"，把伪军称为"中国军队"，而离间分化地把中国抗日军队称为"重庆军""蒋系军""延安军""中共军"。这等于说，抗日的中国已经灭亡了，只有与日本亲善的汪伪"中国政府"存在，日军只是在与抗日的地方军队作战。显而易见，就是在战败投降之时，以《诏书》形式公布出来的日本对我国之心态，依然是傲慢和轻视。日本这种欲亡我中国而不能，便闭目呓语以自欺的心态，在《诏书》中暴露无遗。《诏书》还大念"忍"字经，对于因发动侵略战争而给其他国家人民造成的劫难，没有一丝一毫的罪己自责，反而为被迫放下屠刀后的处境，大讲"忍其所难忍"。

"忍"什么呢！忍，就是心中不服，无奈之选择，说白了，就是不得不如此，而并不是觉得应该如此。日本至今未能效学德国有所反省，公开道歉，《诏书》中的"忍"字经是起着很大的作用的。

《诏书》逐层深入之后，亮出中心主题：诏告臣民对天皇保持"赤诚"，"维护国体"，"势必发扬国体之精华"。而且要将此誓言"子孙相传"。所谓国体之精华是何物？分明指的是天皇统治，是武士道，是日照神道。这一中心主题，就是天皇统治的根本。由于中、美、英、苏4国8月11日

致日本的"复电"中提出"从投降时刻起，天皇及日本政府统治国家的权力隶属于盟军司令部"，"日本政府的最终形态，根据波茨坦宣言，将依日本国民自由表示之意志建立"。

也就是说，日本天皇在日本投降后，即将被剥夺皇权，暂留皇位，以后前途未定，有待国民选择，所以，天皇赶紧利用颁布《诏书》的机会，使用"誓必"的重词，诏告臣民"发扬国体之精华"，其谋划之深远，非同一般。对于如此《诏书》，有学者指出，其实质就是"讳言战败，讳言投降，颂扬侵略，轻蔑中国，大念忍经，发誓要发扬天皇国体的'精华'，是一篇十足的"护皇应变诏书"。

所以，"8·14《诏书》"一广播，其内容大大出人意料，自然受到舆论谴责，无奈，在盟军总部的安排下，裕仁被迫于1945年9月2日，即东京湾签降的当天，又发表了"9·2《诏书》"，一份真正意义上的"投降诏书"。原文是：

<blockquote>
朕业于受诺昭和二十年七月二十六日美国、中国、英国三国政府之首脑于波茨坦发表，而后且由苏联参加之宣言所揭载之各款项，对于帝国政府及大本营于由联合国最高司令官指示之降伏文件，代朕签字。

且根据联合国最高司令官之指示公布对陆海军之一般命令，朕命令朕之臣民速停敌对行为，放弃武器，着实履行降伏文件之一切款项，及由大本营公布之一般命令。

昭和二十年九月二日
内阁总理大臣各国务大臣
</blockquote>

日本天皇裕仁终于公开发表俯首投降的《诏书》。而这一天是1945年9月2日。前后两份诏书，可见日本人之心态，可见日本天皇裕仁内心之龃龉。

第二次
世界大战
纳粹真相

对比德国投降，其从内心深处发出的忏悔，以及后来德国得到世界人民的谅解，日本是无论如何也学不来的，因为他们的内心深处永远埋藏着那揭不去的劣根。战后已经60多年，日本《大本营陆军部》等史书只字不提"8·15《四国公告》"，不提"9·2《诏书》"，却竭力提高"8·14《诏书》"及"玉音广播"的地位，称之为"战争终结之诏书"，把第二次世界大战终结的大功放到裕仁头上，可恶可笑。

他们似乎忘记或者故意装做不明白究竟谁是真正主宰第二次世界大战东方战场战争的终结者？是中、美、英、苏4国公告，主宰了战争的终结。不仅如此，它也主宰了对日本无条件投降的有效宣布。

不要忘记，对敌国的投降表示，审查真伪，核对目标，主持有效的宣布，下达双方停战命令，结束战争，乃是战胜国的权利、荣誉和力量的显示。日本无条件投降，是中、美、英、苏4国在同一个时刻共同宣布的。它是在1945年8月15日早上的7时，在中国的重庆，美国的华盛顿，英国的伦敦，苏联的莫斯科同时由国家首脑宣布的。

至于日本《诏书》的广播，它相隔4国公告整整晚了4个小时。战争已停止4个小时，再由日皇来广播"终战"，岂不是笑话？

《诏书》的广播只能是在投降之后，盟军占领来不及到位的时候，做最后一次皇权的示威罢了。因为日皇裕仁有能耐和神通下诏发动侵略战争，但是，战争怎样进展，怎样终结，可就由不得他了。他连"发表"和"宣布"投降的资格都没有。"8·14《诏书》"，其实就是日本天皇美化侵略，逃避罪责，妄图"东山再起"的历史罪证，可笑有些别有用心的人，想以此为砝码来抬高日本天皇当年的作用。其实这些骗人的伎俩在事实面前不堪一击。第二次世界大战时的日本早已被正义的人们钉到了历史的耻辱柱上。

美国保留日本天皇
居心叵测

　　1943年11月，中、美、英举行的开罗会议明确宣告，中、美、英对日继续作战"直至日本无条件投降"。为什么到日本正式投降之日，无条件变为有条件，废除军国主义的日皇体制变为保全日皇裕仁的地位呢？

　　要解答这两大问题，得从头说起。日皇裕仁于1945年6月22日召集重臣及军方首脑，面谕开始讲和工作。当时日本的败局已定，裕仁寄望于苏联出面"调停"，交战双方达成"荣誉的和平"。当时的苏联对日本来说还是个中立国，并且曾和日本签订过中立条约，但是已于1945年4月5日宣布废除此约。

　　7月27日，日本驻苏联大使佐藤第二次奉命请求苏联出面调停时，中、美、英向全世界播放了《中、美、英三国促令日本投降之波茨坦公告》。

　　其主要内容为：

　　　日本政府应立即宣布无条件投降；《开罗宣言》的条件必须实施，日本的军队必须完全解除武装；日本军国主义必须永远铲除；日本战犯将交付审判，阻止日本人民民主的所有障碍必须消除；不准日本保有可供重新武装的工业。

　　《波茨坦公告》还警告日本政府，如不接受上列条件，日本将面临迅速而完全的毁灭。日本内阁于8月3日开会，通过了一项决议，即"日本目前所应采取之唯一方策，即为接受波茨坦宣言"。但军部仍在内部鼓动少壮派准

备本土决战，对内阁参议会置之不理，裕仁天皇也在请求苏联出面调停。

日本政府正在盼望不久有好消息从莫斯科传来之时，听到的却是美国在广岛投下第一枚原子弹的爆炸声。广岛全市顿成废墟，居民死伤无数。裕仁至此决心从速结束战争，因此更焦急地等待苏联的复音。

佐藤8日得到的答复却是：苏联当天对日宣战。8月9日，美国扔下了第二枚原子弹，长崎居民死伤无数。

8月10日，裕仁在御前会议决定，在不改变日本体制的前提下，接受《波茨坦公告》的条件，当天瑞典政府受日本委托把这个决定转告中、美、英、苏4国。

8月12日，美国以公开广播的形式答复日本，其内容为："自投降之时起，天皇及日本政府之国家统治之权限，为实施投降条件起见，应置于采取其必要措施的盟军最高司令官限制之下。"

美国这样答复就等于同意不废除天皇，而只是使他的权力在必要时受制

美国军舰

于盟军最高统帅。这完全违反了《波茨坦公告》中两大受降条件：日本军国主义必须永久铲除，日本战犯将交付审判。

为什么美国对日政策来了一个180度的转变呢？当时，美国当局虽然知道天皇求和了，但还没有决心派兵在日本登陆。美军鉴于打下冲绳岛付出的沉重代价和该岛军民至死不降的顽抗精神，担心盟军如强行登陆，会遭遇到比在冲绳岛顽强得多的抵抗。

如果废除了天皇，日本军部主战派一旦不受约束，势必抵抗到底，日本本土的局势将难以收拾。华盛顿的决策者就是以此为理由，一反原来的政策，取消要废除天皇的决定，转而维护裕仁的皇位，但把他放在盟军司令官之下，利用他在日本人民中的地位以达到"挟天子以令诸侯"的目的。

美国此举是权宜之计，达到了美军平安进驻日本本土的目的，但从长远看，是失策。盟国在受降书上，把原定要求"日本国"无条件投降改为"日军"无条件投降，但事实上进驻日本的美军也没有监督日军无条件投降。日军参谋本部命令部队烧毁一切机密文件，仅东京市谷区一地焚烧文件的黑烟弥漫天空就达3天之久。这样，日军毁灭了它在侵略中施行毒气战、细菌战、"三光"政策等罪行的记录。

受降书另一规定：严禁日本拥有军事工业。但是，日本政府和军部下令把军需物资"紧急和秘密"地转为民用，但更严重的事态还在后面。盟国原来指定把日本850个军需工厂作为赔偿中、美、英、苏4国之用，但独揽统治日本大权的美国竟把这些工厂先后归还日本政府或私营企业。

1946年8月，中、美、英、苏、法在巴黎举行对意大利媾和会议时，与会国有一个共同的想法，即不让日本再有重工业，以防它重新武装起来，这和《波茨坦公告》"不准日本保有可供重新武装的工业"是一致的。但是，事隔不久，美国又来一次180度的大转变，不顾盟国的决定，开始扶植起日本重工业。

这是为什么呢？其后几年亚太地区发生的战争，使答案逐渐明朗化了：原来美国是要利用日本实现其称霸全球的野心。

揭开蒙在裕仁
身上的美丽画皮

　　我们从现在日本的教科书上，看到第二次世界大战时期在位的裕仁天皇是一位和善而仁慈的海洋学家、生物学家，他对战争没有任何罪行，甚至热爱和平，只是不幸充当一名日本军国主义分子的傀儡。

　　事实真是如此吗？由美国历史学家哈尔伯特·比格斯撰写的《裕仁传》一书，揭开了这层蒙在裕仁身上的美丽画皮，把裕仁与日本在第二次世界大战中的血腥罪行联系起来并加以重新审视。

　　哈尔伯特·比格斯在他这本长达800页的作品中，详细援引了日本和美国保存的秘密材料，包括裕仁生前的一些信件，以及美国国家档案馆有关档案。经过梳理大量事实材料，比格斯让人们看到了一个与日本教科书上完全不同的裕仁，一个实际上拥有无上权力和膨胀的个人野心的政治领导人，一个名副其实应对千百万惨遭杀戮的生灵负责的战争罪犯！

　　裕仁生于1901年4月29日，这个时间正是世界范围内各个国家的帝制都开始趋于衰落的年代。因此，他从小除了像历任天皇那样被灌输以天赋神权的观念外，还被反复教诲要竭力巩固皇权。他从8岁起就开始接受军事训练。

　　裕仁本人的爱好在生物研究，即位后，他在皇宫里设立了生物研究所，陈列了60000多种植物标本，并出版过17本这类书籍。因此，日本才在世人面前极力宣传裕仁只是个生物学家，并把每年裕仁的诞辰4月29日定为日本的"绿节"，以显示裕仁在生物学上的贡献。

　　然而，事实是不会被永远埋没的。至20世纪20年代末30年代初，裕仁与日本陆军强硬派结盟，拼命削弱政府的党派内阁制。正是靠他撑腰，日本军

南京大屠杀雕塑

方最终得以顺利地击倒日本各民主政党，并推行野心勃勃的军国主义体制。

紧接着，裕仁开始推行以天皇制为核心内容的反民主思想，对反对派人士和任何敢对天皇权力提出质疑的人进行无情打击。

日本的民主力量本就很脆弱，遭到打击后就更加"弱不禁风"。在削弱民主力量的过程中，裕仁自己的地位——特别是他在日本军队中的地位却日益得到加强，裕仁成为日本军队最高指挥官，从而成为实权在握的至高无上的日本元首。

他有任免日本陆海空三军将帅和政府首相及内阁大臣的权力；日本军方将领可以绕开政府内阁，直接对天皇负责；裕仁和几个少数的幕后权臣对日本国策的制订有决定性的权力。

至第二次世界大战时期，裕仁实际上已经是这个国家政治制度的核心。

根据《裕仁传》中所述，裕仁应对侵略中国的暴行负直接的责任。

1931年，日本侵占了中国的东三省，裕仁在他致侵华日军的密诏中下令日本侵略军"向前推进"。

1937年，侵华日军对中国发起全面侵略，裕仁亲自向日本将领们建议说：

在要塞地区集中大量兵力实施压倒性的打击不是更好吗？

几个月后，侵华日军便制造了导致中国30万军民惨遭杀害的南京大屠杀。

在侵略中的一步步进逼的过程中，裕仁并非别无选择，但他却毫不犹豫地选择了支持，甚至重赏日本军队对中国的侵略。

按照裕仁御诏，侵华日军"视所有15岁以上、60岁以下的中国男子为我们的敌人"，"我们的敌人经常扮成当地的老百姓"，因此这些中国平民都应该被杀掉。在这场战争中，至少有几百万的中国平民惨遭杀害。

另外，在长达8年的中日全面战争中，成千上万的中国士兵被日军俘虏，但到1945年日军投降的时候，却只发现了56名中国战俘！裕仁对所有这些中国平民和战俘遇害都应该负直接的责任。

日本偷袭珍珠港，太平洋战争爆发。

当时有许多美国史学家们都曾经认为，当时美国罗斯福政府的种种措施使得日本没有更多的外交选择。因此，裕仁对太平洋战争的爆发是否应该承担责任还说不清楚。

比格斯在《裕仁传》中用事实指出，裕仁应该对太平洋战争的爆发负直接的责任。正是裕仁一步一步地推进了偷袭珍珠港事件，将日本拖入了太平洋战争的深渊。

比格斯在书中写道：

坐在皇宫宝座上，裕仁默默地看着他的大臣们在制订战争计划，军方将领们也在估算计划的成败。首相终于开口说话了："只要陛下您一声令下，我们都将努力为国效忠！"

天皇点头表示同意！

这次会议结束后不久，日本便进入了"X日"（日本发动太平洋战争的代号），在接下来的一周里，裕仁不断地和参谋机构的负责人会面，不断接到各入侵部队进入前线阵地的报告。

1941年12月7日，日军偷袭了珍珠港，当偷袭得逞的消息传到东京时，天皇的一位助手在日记中写道："天皇穿上了海军军服，看上去心情非常好！"可见其兴奋程度。

原子弹在日本的广岛和长崎爆炸，给日本带来灭顶之灾。虽然日本是罪有应得，但对于日本无辜的百姓来说，这个灾难应该归罪于裕仁——这个日本臣民的天皇。

第二次世界大战末期，裕仁有过许多结束战争的机会，但他为了使日本皇室逃脱战争的罪责，保住自己的天皇宝座，便拼命想拖延战争结束的时间，甚至想逃脱日本"无条件投降"的命运，盘算着如何"退出战争"的策略。

裕仁打的如意算盘是：希望能说服当时还没有对日本宣战的苏联当中间人，一方面通过谈判来结束战争；一方面又能保住自己的天皇宝座。裕仁因此迟迟不肯宣布日本无条件投降，以至于美国向日本投下了原子弹。

《裕仁传》中说，当日本已穷途末路之际，裕仁及其部分顾问甚至"欢迎"美国向日本投掷原子弹和苏联介入战争，因为这样一来可以为裕仁炮制日军投降找到"完美的理由"，还能让他以"为国家带来和平曙光"为由平息当时日本国内对帝制的不满情绪，以期保存天皇制。

可见，裕仁正是为了保住自己的皇位，才不惜牺牲成千上万日本百姓的性命。因此，裕仁应该对日本遭到核打击负责。

战争结束后，裕仁却换了一副样子，在照片中，个头不高、身穿条纹裤子和蹩脚礼服的裕仁站在麦克阿瑟面前，脸上的表情让人觉得很无辜很可怜。但这只是日本政客与麦克阿瑟的合作"包装"而已，其目的就是要浑水摸鱼逃脱惩罚罢了。

日本和美国之所以把裕仁天皇形容成傀儡，是因为他们各有所图。

日本政客们想保住裕仁是因为天皇被视为日本民族的精神支柱。为了能鼓起日本人的精神进行战后重建，走出战败的阴影，最终重新走上强国的道路，日本的保守政客们一致决定无论如何都要保住裕仁和天皇体制。

美国庇护裕仁天皇，甚至帮助裕仁逃脱战争审判，则主要是出于美国人自己的利益考虑。美国人担心对裕仁按战犯罪加以处罚的话，日本国内民众可能因此而产生骚乱。

而如果放过裕仁，那么单独出兵"占领"和"主管"日本的美国，可以凭借天皇的招牌来实现"挟天子以令诸侯"，更方便地控制日本。

比格斯在书中批评了美国对日本天皇的包庇态度。

他说，战争结束后，裕仁对往事不思悔改，他根本没有意识到他个人对日本在国外的侵略行为所负的责任，从未承认过犯有战争罪。美国蓄意对本国人民和世界其他国家的人民隐瞒了裕仁的战争责任问题。

比格斯揭露道，由于国际形势的变化，美国很快改变了策略，把开罗会议上决定的"彻底铲除日本战争根源"政策转为扶植日本反共反苏的右翼势力。美国出于对本国利益的考虑，在审判日本战犯时授意一些重要战犯"夹"供，隐瞒了关于裕仁的犯罪部分，使裕仁最终逃脱了正义的审判。

半个多世纪后再回顾历史，不难看出，正是由于放过裕仁，使得日本的军国主义难以斩草除根。天皇在日本是至高无上的，裕仁的言行可以说是日本人的最高信条。

裕仁不仅没有作为战犯受审，而且还给战争的性质歪曲地定了框框。这就给日本人民造成了一种错觉，好像日本既不是侵略别国，也没有被打败而投降似的。这为后来日本从政治上认识战争的本质起了很大的误导作用。

比格斯在《裕仁传》序言中曾写道："裕仁天皇绝非如同英国那样只是宪法上的君主，而是日本不折不扣的最高元首，应该对日本的军国主义和日军在第二次世界大战中犯下的滔天罪行负直接或者间接的责任！"

美国麻省理工学院的历史学教授道尔认为，裕仁天皇的真实面目因此书而大白于天下，他在第二次世界大战中发挥了非同一般的作用，许多西方人对此闻所未闻，原因是第二次世界大战结束后有人极力对此进行掩盖。

比格斯指出："因为裕仁一直没有对战争负责，日本作为一个国家同样也没有承担责任。许多与战争有牵连的日本人认为既然天皇没有责任，他们自然也就没有任何罪过了。"

2000年12月12日，来自美国、英国、阿根廷、肯尼亚的法官、法律学者和人权工作者组成的"侵害女性权利国际战犯法庭"，经过3天的审理，对来自中国、东帝汶、印尼、马来西亚、荷兰和日本的检察官所提供的证据和75名幸存的受害者提供的亲身经历以及历史学者、日本老兵的证言做了充分的听证。

审判团根据充分的犯罪事实和法律依据，在日本青年馆作出判决，认定裕仁天皇和其他高级军政官员支持、纵容和疏于阻止日军在第二次世界大战中对被征服的亚太国家和地区的女性实施强奸和性奴隶，犯有反人道罪，日本国违反了国际条约义务和国际习惯法，负有国家的责任。

当首席审判官麦克唐娜宣布这个判决时，在场的1000名听众爆发出长时间的掌声。

因此，把裕仁定为战争的元凶是非常恰当的。历史的真相不容掩盖，并终将大白于天下。

受审战犯为何
能逍遥法外

1945年12月16日至26日，苏、美、英外长在莫斯科会议中决定，驻日盟军最高统帅应采取一切必要措施，实施《波茨坦公告》的日本投降条件，包括惩办日本战犯。

根据1943年12月1日《开罗宣言》、1945年7月26日《波茨坦公告》、1945年9月2日《日本投降书》和1945年12月26日盟国授权麦克阿瑟将军于1946年1月19日颁布的《特别通告》和《远东国际军事法庭宪章》，盟国决定在东京设庭审判日本首要战犯。

对于战争罪犯进行审判的决定还在第二次世界大战进行之时，反法西斯盟国便多次声明要严惩战争罪犯，追究战犯责任。

欧战结束后，1945年8月8日，苏、美、英、法在伦敦签订了《关于控诉和惩处欧洲轴心国主要战犯的协定》及其附件《欧洲国际军事法庭宪章》。1945年11月，欧洲国际军事法庭在纽伦堡开庭，开始对德国法西斯首要战犯进行审判。在这次审判中，有11人被判处了绞刑，执行了10人，戈林因服毒自杀未执行，9人被判处长期监禁。

盟国认为，日本战犯也应受到与德国战犯同样的处理。《波茨坦公告》中曾郑重指出："我们无意奴役日本民族或消灭这个国家，但对于战争中的人犯，包括虐待战俘者在内，都必将追究法律责任，并予以严厉制裁。"

1945年9月11日，日本前首相东条英机等39名战犯被逮捕。

11月19日，小矶国昭等11名战犯被捕。

12月2日和16日，平沼骐一郎、广田弘毅、木户幸一等68名战犯被捕，

被关押在东京巢鸭监狱候审。

中国、苏联、美国、英国、法国、荷兰、菲律宾、加拿大、新西兰和印度10国各派出一名法官，澳大利亚的韦伯为首席法官，美国的约瑟夫·凯南为首席检察官。《远东国际军事法庭宪章》规定，被告有权选择辩护人，但法庭可随时不承认其选择的辩护人。被告中没有日本国家元首、三军最高统帅裕仁天皇。

关于国家元首应对发动侵略负刑事责任问题，第一次世界大战后对德皇

威廉二世的处理已有先例。《欧洲国际军事法庭宪章》也明确表示："被告之官职及地位，无论系国家元首或政府各部门负责官吏，均不得为免除责任获减轻刑罚之理由。"

但是，美国为了在日本能有效地进行管理，避免美国人在日本岛内受到攻击，于是在《远东国际军事法庭宪章》中回避了国家元首的责任问题。宪章中只说："被告无论何时期内之官职及地位"，均不能免除罪责，有意删除了"国家元首"字样。这为后来日本右翼分子拒绝承认侵略

日本战犯 🔻

埋下了伏笔。

在1945年12月6日，远东国际军事法庭美国小组一行16人离美赴东京之前，凯南对美国报界表示，他认为裕仁天皇显然应该受到审判。登上飞机后，凯南收到杜鲁门总统的一封信，信中指示凯南不得对裕仁和任何皇室成员起诉。总统采纳了驻日盟军最高统帅麦克阿瑟的意见而作此决定。麦克阿瑟认为，从美国的利益和占领日本的政治需要出发，不得以战争罪起诉天皇。东京法庭首席法官韦伯曾向报界发表个人意见："天皇在开战问题上起了巨大作用，但他却被免予起诉……毫无疑问，免除对天皇的审判是基于同盟国所有成员国的利益而作出的决定。"

法国出席远东国际法庭审判的代表亨利·贝尔纳说："不可否认，宣言的一个主要祸首逃避了一切诉讼，不管怎么说，出席的被告只能被视为同谋犯。"

日本投降代表团

由于美国人只为自身考虑，判决的结果是：皇室成员、日本侵华部队的司令官朝香宫鸠彦亲王未被列入被告名单；为中国人民所深恶痛绝的侵华战犯冈村宁次也逍遥法外；在中国进行了种种骇人听闻的残酷试验的日本"731细菌部队"司令官石井四郎也不在被告之列。

1946年4月29日，对东条英机等28名被告正式起诉。5月3日，东京国际远东军事法庭正式开庭。

法庭设在原日本陆军省会议厅，庭长室设在东条英机原来的办公室里。由于中国法官梅汝璈据理力争，法官座次除首席法官外，按日本投降书受降国签字顺序美、中、英、苏、加、法等排定。审理采用英美法律，分立证和辩论两个阶段。

开庭第一天和第二天，首席检察官宣读了长达42页的起诉书，历数了28名被告在战争中的罪行，列举55项罪状，指控他们犯有破坏和平罪、战争罪、违反人道罪。

5月6日，全体出庭被告均声辩自己"无罪"。东条英机说："对一切诉因，我声明无罪。"被告方面援引"罪刑由法定""无法则无罪""禁止事后立法"等法律原则，企图逃避制裁。

法庭认为，被告罪行很早以前就被国际法认定。被告辩护方面还强调，战争是国家行为，是国家间的现象，主体是国家。国际法只审理主权国家的行为。法庭认为，国家违反条约，发动侵略战争，责任总是在个人身上。

审理过程中，在涉及中国问题时，中国方面出证的有秦德纯、王冷斋和溥仪等人。秦德纯和王冷斋主要就日军挑起卢沟桥事变，发动对北大营攻袭，日军大肆掳掠的罪行做了揭露。溥仪由苏联派人从他所在押的监狱送东京出庭作证，讲述了他如何被土肥原从天津劫持到东北，板垣如何指使人毒死其亲妇，逼他讨娶日妇为后等情况。

1948年4月16日，法庭宣布休庭，以进行讨论，作出最后判决。在讨论过程中，法官们在对东条英机等战犯是否应该判处绞刑的问题上发生了较大分歧。

庭长韦伯主张流放，美国法官主张只将发动太平洋战争和虐待美军战俘的战犯判处死刑，中国法官要求严惩土肥原贤二和松井石根。从这样一个分歧中可以看出，虽然来自各国的法官都是同盟国的成员，但是，他们所代表的国家利益不同，对待战犯的判决结果也不同。到最后法庭以6票对5票的微弱多数作出死刑判决。

11月4日，法庭开始宣读1231页的判决书，至12日宣读完毕，对25名出庭被告判决如下：

判处绞刑7人：土肥原贤二、广田弘毅、板垣征四郎、木村兵太郎、松井石根、武藤章、东条英机。

判处无期徒刑16人：荒木贞大、畑俊六、星野直林、木户幸一、平沼骐一郎、小矶国昭、南次郎、冈敬纯、大岛浩、佐藤贤二、岛田繁太郎、铃木贞一、松本欣五郎、贺屋兴宣、白鸟敏夫、梅津美治郎。

判处有期徒刑20年一人：东乡茂德。

判处有期徒刑7年一人：重光葵。

审判过程中，被告前外相松冈洋右和海军大将永野修身病死，日本侵略理论家大川明因发狂而中止受审，实际出庭被告25人。

11月12日，远东国际军事法庭闭庭。根据《远东国际军事法庭宪章》规定，驻日盟军最高统帅麦克阿瑟于1948年11月22日批准了法庭的全部判决。然而，麦克阿瑟并未按《法庭宪章》条例立即执行判决，而是将土肥原、广田、木户、佐藤、岛田、东乡等人的上诉书递给了美国最高法院，从而推迟执行了对所有被告的判决。

12月6日，美国最高法院决定接受上诉，定于1948年12月16日着手分析案情。消息传出，世界舆论大哗。东京法庭的中国法官梅汝璈指出："如果代表11国的国际法庭所作的决定要由某一国的法庭来重新审理，不管它是多么高级的法院，都当然会使人担心，任何国际决定和行为都要同样受到一个国家的重审和改变。"东京法庭的荷兰法官罗休声称，美国最高法院的决定是"令人震惊的错误"。一位检察官批评麦克阿瑟说："他已超越自己的权

限，不会区分远东军司令和盟军司令两种职责的差别。"

在世界舆论的压力下，美国司法部副部长致函美国最高法院，指出它无权干涉东京法庭的判决。美国最高法院于12月16日决定延缓对"上诉书"的审理，最后于12月20日作出拒绝受理的决定。

远东国际军事法庭宣判40天后，12月23日，东条英机等战犯在东京巢鸭监狱中被绞死。其余被判处的战犯入狱服刑。对这些罪大恶极的日本首要战犯作出的严正判决，受到了世界舆论的欢迎。

由于世界局势的变化，两大集团的冷战已经形成，特别是朝鲜战争爆发，美国在亚洲急于寻找反共同盟，因此在对待日本战犯的态度上有了明显的变化。1950年11月，重光葵获释，后在日本政府内供职。这期间，其他日

日军731部队遗址 ⏷

日军731部队制造的陶瓷炸弹

本在押战犯也纷纷"宣誓出狱"。这与处理纳粹战犯的结果形成了鲜明的对比。

就在当时，人们似乎没有注意到，在远东的另外一个城市——哈巴罗夫斯克，苏联政府正在对12名日本第731部队的医生和军官进行审判。对于这次审判，老百姓起初并不热心。然而，第一天上午的审判刚结束，人们就开始竞相转告，等到下午审判结束后，整个城市都在议论此事了。

人们为什么这么关心此事呢？原来，人们是对审判所揭露的事实感到震惊：一批日本一流医学院的毕业生，为了制造生物化学武器，在受害者身上注入伤寒、霍乱、梅毒等多种病菌，并使之扩散到附近的中国村落……

大约有10000人，就这样丧生于日本遍布亚洲的26个实验室中，而在生化战的实地试验中，估计有25万人丧生，这其中也包括了苏联人。

日本的第731部队是在昭

和天皇的亲授御旨之下，专为生物战争而于20世纪30年代建立的。天皇的弟弟还亲临第731总部视察，并观看了中国犯人在一场以活人做试验的毒气战中"行军"的电影。

战后，当苏联准备审判第731部队的战犯时，麦克阿瑟已秘密赦免了美军抓到的日本战俘中的第731部队战犯，条件是帮美国取得第731部队生物武器的"科研成果"。

当有证据显示美国的飞行员在被俘后也成了这种活人标本时，麦克阿瑟立即扣押了有关证据。自然，苏联对这些战犯也给予轻判：大多数战犯只被判20至25年的徒刑，一个只被判了2年，另一个被判了3年。几年后，除一个罪犯在监狱中自杀外，其余的人于1956年被悄悄放回日本，他们中的大多数人都进入了日本的上层社会。

分析家指出，与美国人一样，苏联对战犯之所以轻判的最大可能是苏联也以轻刑换取了生物武器的情报。

由于美国及苏联政府的包庇及纵容，致使对世界人民犯下滔天罪行的日本战犯逍遥法外，实在令人痛心！

159

罪恶迷雾

第 二 次 世 界 大 战 纳 粹 真 相

希特勒的未解之谜

　　战争狂人希特勒是发动第二次世界大战的刽子手，由于他的纳粹思想影响了德国一代人，从而使德国走上了对外侵略的道路，希特勒给德国人民带来了深重的灾难，也把他自己钉上了历史的耻辱柱。但是，希特勒战败自杀后，围绕着他却出现了许多未解之谜，使研究者陷入了层层迷雾，如希特勒死后到底葬身在哪里？曾有人两次刺杀希特勒，他为何能死里逃生？

希特勒自杀后
葬身在哪里

　　战争狂人希特勒是发动第二次世界大战的刽子手，由于他的纳粹思想影响了德国一代人，从而使德国走上了对外侵略的道路，希特勒给德国人民带来了深重的灾难。

　　希特勒在死后到底葬身在哪里，几十年来一直是个不解之谜。甚至有人曾经传说希特勒没有死，当年烧掉的只是他的替身等。而随着苏联最高机密文件解密，这个历史谜团终于真相大白。

　　1945年4月30日，苏联红军攻入柏林后，希特勒与他结婚只有几小时的爱娃自杀，纳粹德国宣传部长戈培尔一家8口也同时服毒自尽。

　　具体的经过是这样的：

　　4月30日，纳粹德国政权即将崩溃。中午，在帝国办公厅大厦，政府街区一带，苏联红军的炮火非常猛烈，建筑物在隆隆炮火中倒塌，帝国办公厅周围的街道逐渐被夷为废墟。

　　这时，在地下室里，希特勒向所有在场者告别，与他们一一握手并感谢他们的服务与忠诚。希特勒的秘书弗劳·荣格与弗劳·克里斯蒂安，还有食堂女厨师弗莱伦被邀共进午餐，希特勒的妻子爱娃就坐在他的身边。

　　这最后的午餐刚一结束，3位女士便离开了。希特勒叫副官根舍再次请她们到自己这儿来。他和妻子站在自己房间的门槛处，再次向女士们告别。弗劳、希特勒和过去多年来作为元首同事的女士们拥抱，她们并再一次和希特勒握手告别。

　　希特勒同样又与鲍曼以及自己的副官根舍告别，并向根舍副官再一次宣

布了严肃命令：

准备好足够的汽油用于焚毁他及其妻子的尸体。

希特勒对根舍是这样解释的："我不想死后让俄国人在自己的陈列馆里展出我。"

当时希特勒的私人司机艾利赫·凯姆普卡在地下车库房的一间小禁闭室中，他正准备换班，这时电话铃响了，艾利赫抓起话筒，是根舍打来的。

"艾利赫，我无论如何要痛饮一顿，你那里有没有酒？"

对此艾利赫感到吃惊，多少天来没有痛饮了。

根舍又在说："你那里有没有什么喝的？"

艾利赫似乎明白出了什么事，于是就准备了一瓶白兰地等待根舍的到来。根舍没来，艾利赫不知道根舍在哪儿打的电话，也不知道到哪儿去找他。

半小时过后，根舍的电话又打到了艾利赫处，他带着激动的嘶哑的嗓音说："你必须马上给我送来200升汽油。"

在这样混乱和猛烈的轰炸中上哪里去找这么多的汽油呢？不等艾利赫解释，对方几乎喊起来了："汽油！艾利赫，汽油！"

"你要200升汽油干什么？"艾利赫实在不明白根舍要那么多汽油做什么。

"在电话里一时说不明白，你要明白，我应该拿到汽油。听着，艾利赫，我应该马上在地下室的出口处拿到汽油，甚至可以说你必须不惜一切搞到它。"根舍几乎是命令的口吻喊道。

艾利赫告诉根舍，这么多的汽油只能在吉尔加尔登才能搞到，那里储藏着成千上万升汽油，但现在不能去，因为那里炮火猛烈，几乎不能穿过去。艾利赫请求等炮火稀一点，再派人去取汽油。但根舍还是固执己见："我连一小时也不能再等了，想办法从各辆汽车的油箱里凑齐吧！现在马上派你的

人带着汽油到元首地下室的出口来，你自己也来！"说完根舍挂上了电话。

地下车库里的汽车大部分还未被烧掉，但它们因为天花板倒塌已被砸坏或是卡住。艾利赫急忙派几个人去把汽车里的油抽出，并用桶把汽油装好送到指定地点。而艾利赫急忙从七零八落的汽车堆旁、从废墟中硬挤了过去找根舍，想搞清楚到底出了什么事。

当艾利赫走进地下室时，根舍正从希特勒的办公室出来。他们一起来到会客室里，根舍的面孔变得令人难以辨认，面色惨白，两眼直盯着艾利赫。

"元首已经死了！"他举起了右手，模仿向嘴里开枪的动作。

"天哪！怎么会这样！爱娃在哪儿？"艾利赫震惊地问。

根舍用手指向元首办公室那扇紧闭的门，说："她和他在一起。"

作为希特勒的私人司机，艾利赫难以相信然而又逐渐明白，一切都已发生了。希特勒在自己办公室里用手枪自杀了，枪弹是从嘴里射进的，他的头伏在桌子上。爱娃与他并排坐着，背靠在长沙发上，她是服毒自杀，尽管手上曾握有手枪准备射击。她的右手搭在长凳上，手枪落在地板上。

当时根舍还有鲍曼、林格听见枪响，急忙跑进屋里，见希特勒和爱娃已经死了。施图姆医生前来做了检查，鉴定他们已经死亡。戈培尔和阿克斯曼也都来了。这时，在地下室出口处已备好了汽油。

希特勒房间的门这时打开了。"汽油，哪儿有汽油？"希特勒的勤务兵林格绝望地叫着。

艾利赫答道："汽油已准备好了。"

林格转身跑回屋里，几秒钟后门又打开了。施图姆医生和林格抬着用黑色士兵军毯裹着的阿道夫·希特勒的尸体。希特勒的尸体一直被盖到鼻根处，透过花白的头发可以看到他惨白的额头。他的左手从毯子中伸出，向下垂直。施图姆医生和林格匆忙地把尸体抬到地下室的外面，放在地上，这里距离地下室出口有3米多一点。

希特勒躺着，被裹在毯子中，双脚对着地下室。他就这样被放在地上，用来裹他的那条毯子没有被取掉，黑色长裤向上卷着，右脚掌和生前一样向

里扭着。根舍和艾利赫把爱娃·希特勒从房间里抬出来，和希特勒并排放在一起。

苏联红军的炮火异常猛烈，使人喘不过气来。等到炮火稀下来，艾利赫抓起一只盛有汽油的桶从地下室跑出来，把桶放在希特勒和爱娃的尸体旁，然后很快地弯下腰去把希特勒的左臂拉到身体近旁，艾利赫看到希特勒的头发在风中飘动。

他从桶上取下了盖子。这时，炮弹接二连三地在身旁爆炸，尘土污物扑了一身，弹片声在周围呼啸。艾利赫为躲避射击又重新钻进了地下室。他们只有等待。

炮火再次弱下来，艾利赫低俯下身子，又一次跑到外面，拎着满满一桶汽油，不住地颤抖着，尽最大的努力把汽油浇到尸体上，因为艾利赫意识到这是在执行希特勒的最后命令。

弹雨继续倾泻着，泥土溅得到处都是。艾利赫等人从地下室里出来，把希特勒和爱娃的尸体又抬到了一个施工用的槽子里，并倒满了汽油。他们又一次跑回地下室去取新的汽油桶，但是这时苏联红军的炮火又开始猛烈，使

战后的废墟

165

得他们已经不能从地下室中出去。

怎么才能点燃汽油？艾利赫拒绝了用手榴弹引火的建议，这时，他的眼光落在了从地下室出来横在出口处的消防水龙带上的一块大抹布上。"那块抹布！"艾利赫喊道。

根舍扑上前去抓住了它并且打开油桶用汽油把它浸湿，只用了一秒钟，抹布很快就成了浸透了汽油的可燃物。

"火柴！"戈培尔从衣袋里掏出火柴盒并递给了艾利赫，艾利赫划着火柴点燃了抹布，火焰升起，艾利赫把这团火扔了出去，它划了个弧线落在了那汽油还在流淌的尸体上，转眼间大火升起，黑烟形成一片浓云。焚毁尸体从当日14时开始，持续到晚上19时。

由于苏联红军炮火轰炸的原因，艾利赫等人继续向尸体加注汽油的希望无法实现，所以先前加注的汽油烧尽了，希特勒和爱娃的尸体还没有烧焦……

这个疯狂一时的纳粹头子，就这样被焚烧了。但是，令人们惊奇的是，希特勒不仅仅被焚烧了一次，还有另外一次的焚烧。如果说第一次是纳粹德国战败后的必然结果，而第二次的焚烧就令人感到神秘了。

苏联红军第二突击队攻入总理府后，在希特勒的地下室前的大炮弹坑里发现了草草掩埋的希特勒、爱娃、宣传部长戈培尔夫妇以及他们6个孩子的尸体。发现尸体后，被装入棺材运到了柏林的一个秘密地点。

斯大林接到这个秘密报告后，当即下令说，尸体中有没有希特勒这一点必须明确，不得有半点含糊。经过苏联方面再三验证，确认其中一位的确是希特勒。

1945年夏，红军第三突击队将驻地转移到柏林以西的拉特诺，于是将希特勒的尸体葬在那里，并用新种的松树掩护墓地。1946年1月13日，希特勒的尸体又被挖出来，移葬到拉特诺南面的马格德堡。据后来的情报说，马格德堡是第二次焚烧希特勒的地点。

1970年，苏联驻东德第三军克格勃特别行动处接到一项绝密命令，下命

令者是当时任苏联克格勃主席的安德罗波夫。这一命令，要求特别行动处把秘密埋葬在马格德堡市苏军军事基地内的希特勒、爱娃、戈培尔及其家人的遗骸挖出，运到一个偏僻的地方，焚烧成灰。

由于希特勒等人的尸体的去向一直是一个谜，所以，安德罗波夫经与勃列日涅夫及其他政治局委员协商，为防止西方国家从空中窃密，在发布命令时并没有发电报，命令是由他亲笔手写的。为了完成这项特殊任务，苏联方面专门成立了三人小组，组长是特别行动处处长科瓦连科上校，组员有希罗科夫少校和古梅纽科。

为什么苏联领导人会在20世纪70年代初想起了埋在苏军军事基地的希特勒遗骸的问题呢？

据参与这次行动的小组成员之一的古梅纽科后来回忆说：

很长时间以来，希特勒的死一直是个谜。

1945年4月30日，希特勒自杀后，他的遗体被党卫军就地焚烧。当时就风传，说希特勒的骨灰由其卫队长阿克斯曼收藏，打算今后埋葬在柏林市郊。

希特勒的忠实追随者们不希望随着希特勒的死亡，法西斯主义也被埋葬，他们当然希望希特勒能活着，最坏的打算是能保留希特勒的骨灰。因此，希特勒的遗骸埋葬地就成了一个意识形态和政治问题，依我看，同时也是一个宗教问题。

由于第二次世界大战后长期传说希特勒还活着，说烧掉的是希特勒的替身，因此20世纪60年代末，历史学家们根据大量的事实证据推翻了这一说法。

美国加利福尼亚大学牙医专家列伊达尔·索格涅斯的法医对葬在马格德堡的尸体进行了鉴定，遗骸牙齿X光和1943年希特勒通过X光拍下的牙齿照片完全一致，进一步证实了历史学家们的观点。

由此确定，埋藏在苏军军事基地的遗骸就是希特勒的遗骸，而不是其替身。这时，为了不再引起法西斯复仇者和其偶像追随者的兴趣，必须彻底销毁希特勒的骨灰，况且苏联军队也不可能在德国永久驻扎下去。

由于行动从一开始就被定为绝密，因此这次焚烧充满了传奇色彩。尽管行动就在苏军军事基地内进行，特别行动小组也要非常严格地对自己的行动保守秘密。

事先，他们对此行动做了很好的伪装——他们打着测防毒气的幌子，在藏有希特勒遗骸的地方设置了一顶军事帐篷，对外则是讲准备在帐篷里施放烟雾。

在夜幕和帐篷的掩护下，行动小组开始快速挖掘；但很快他们就搞清楚了他们挖掘的地点有误，因此他们又紧急地把帐篷向外移动了几米，这才终于找到了希特勒遗骸下葬的准确坐标。

出现在人们眼前的，是一堆残缺不全的遗骸。小组成员迅速把装有遗骸的烂木箱子装入事先准备好的包装箱内。他们开上汽车，将这些"非同一般的货物"拉到了市郊，准备寻找能焚烧遗骸的地方。

开始时，他们打算就在当天夜里焚烧，后来考虑到德国居民一般都是很遵纪守法的，如果让他们在夜里看到火光，肯定会有人给警察局打电话，到那时，"绝密行动"肯定就要泡汤，后果将不堪设想。小组成员一直等到天亮，才扮成打渔人，把车开到郊外，一路上还仔细观察，看有没有人盯梢。到了地点之后，迅速卸下装有希特勒遗骸的箱子，往上面泼洒汽油，看着它烧成灰烬。

希特勒等人的尸体烧成灰烬后，他们把灰烬收到袋子里，并消除了篝火的痕迹，甚至还恢复了被毁的草皮，一切做好了以后，他们来到了行动的第三个执行点，即沿着比杰利茨河岸将希特勒等人的骨灰抛洒掉。

两次刺杀希特勒
是谁所为

1943年3月13日下午，希特勒乘坐的"福克—沃尔夫200"型运输机在一队"Me—19"型战斗机的护送下，从斯摩棱斯克起飞，3小时后降落在腊斯登堡。

希特勒专机的降落，惊呆了一个人。就在3小时前，已经有人把一个装着两个酒瓶样的炸弹包裹放在了希特勒的专机上，并启动了引爆装置。然而，炸弹并没有爆炸。于是，这些幕后的人感到十分的沮丧："闪光计划"失败了！

这个人是谁？为什么要刺杀希特勒？

1939年9月，纳粹德国军事谍报局截获了英国情报机构向其所有情报网站发出的一个"戟"字的密码。德国军事谍报局局长、海军少将卡纳里斯由此得出结论：英国参战已经是不可避免的了。

中午，卡纳里斯来到收音机旁，收听伦敦英国广播公司的广播。收音机里传来英国首相张伯伦微弱而悲哀的声音：

我在唐宁街10号内阁会议室向你们讲话。

今天早晨，英国驻德国大使向德国政府递交了最后通牒，如果英国政府在11点钟得不到德国准备立即从波兰撤军的答复，我们两国就将处于战争状态。

我不得不告诉你们，到现在为止，我们没有得到这样的答复。出此，我国同德国已经处于战争状态。

卡纳里斯关掉收音机，立即命令向他分布在欧洲各地的3000多名谍报人员发出通报，通知他们德国与英国、法国已经处于交战状态。随后，他召集全体人员会议，在检查了谍报局的战争部署后，向属下提出了警告，要他们不要做出类似出卖国家利益的事情来。

待大部分人员走后，卡纳里斯对自己的几个心腹说："战争开始了，德国可能会遭到失败，也许是灾难性的失败。可如果希特勒取得了胜利，那将是更大的灾难。所以，我们谍报局的工作，应该是不要使得战争延长一天。"几个人会意地点头赞同。

卡纳里斯出生在一个德国铸造厂主的家庭。少年时代，他就非常崇拜英雄，经常对外声称自己是19世纪希腊独立战争时的英雄康斯坦丁诺维奇·卡纳里斯的后裔。1905年刚满18岁时，他就参加了海军，后化名去西班牙从事间谍工作，并出色地完成了上级交给的任务。同时结交了很多西班牙政界、军界的要人，这为他后来出任军事谍报局局长后，在西班牙进行间谍活动打下了良好的基础。1933年年末，卡纳里斯被任命为谍报局局长。

他身材矮小，神色总是紧张但又热情认真。他的举止常常是彬彬有礼，待人慈善，工作上既谨慎又顽强。他见多识广，能说6国语言，而且说得都非常好。

他是一个让人非常难以理解的人。他既有强烈的爱国热情，希望德国在战争中取得胜利，但又不满意希特勒对犹太人的大屠杀和清洗军队，对德国在战争中能否取胜也持怀疑的态度。到后来明确树立了反对希特勒的思想后他便在背地里尽最大的可能拆希特勒的台。

在希特勒准备入侵西欧时，这个被称作"黄色方案"的入侵计划被卡纳里斯让军事谍报局的汉斯少将透露给了英国方面，并向英国方面暗示，一旦"黄色方案"实施，德国国内就将发动一场政变。但是，由于这个计划在罗马不知被什么人给泄露了出去，希特勒立刻命令党卫队进行了调查。由于卡纳里斯的防范措施极好，没有被发现。

　　后来，希特勒不断地改变"黄色方案"，共改变了28次之多，其中有15次被卡纳里斯的军事谍报局透露给了西方。因为"黄色方案"变化得太快、太多，结果使西方对卡纳里斯的可信度产生了怀疑，认为是希特勒通过军事谍报局有意搞的情报工作。

　　反对希特勒的不止卡纳里斯一个人，在希特勒刚刚当上总理时，军队中就有一些高级将领对希特勒表示了不满。纳粹德国军队参谋总长贝克将军就是其中最有影响力的一个。他是一个保守的民族主义者，对希特勒及他领导的纳粹党极不信任。

　　在同希特勒会面时，他曾对希特勒说，他接受高位的目的，不是要建立一支征服别国的军队，而是要建立一支能够保卫德国的军队。希特勒反驳他说，军队存在的目的不是为了打仗，就不可能建立起一支具有存在价值的军队。为了和平而做准备的军队是不存在的，军队之所以存在就是为了赢得战争。

　　贝克将军提醒希特勒，他自己曾经向兴登堡总统立下誓言，不把德国带入另一场战争。在临走时，他又预言性地提醒希特勒说，新的战争成为多条战线上的冲突，德国就将灭亡。

　　对希特勒持反对态度的德国将领还有：陆军总司令瓦尔那·冯·弗里奇、国防部长瓦格那·冯·勃洛姆堡陆军元帅、外交部长康斯坦西·冯·牛顿特等，他们都向希特勒表达了各自不同意发动战争的想法。但是，疯狂的希特勒是不会听他们的建议的。

　　希特勒意识到，他的将军们都很不愿意发动战争。他认为，这些将是他实现"伟大理想行动"的绊脚石，他从内心里已经生成了清洗军队的设想。后来，这些当面反对过希特勒的将领们都遭到了清洗。

　　那是一天早晨，"电台监察人员"在全国各地挨家挨户地检查，使得每个人都要收听到收音机的广播。德国的民众听到的是，一个接着一个的知名人士倒台。德国全国都为之感到震惊，欧洲人听了也感到惴惴不安。之后，希特勒完全建立起拥护自己的政府和军队，向侵略战争迈开了罪恶的脚步。

希特勒的做法让一些人感到了不满和愤怒，那些被迫走向幕后或侥幸留在原位置上的人开始了一次秘密的行动。

1942年11月7日，盟军"火炬"计划实施，从卡萨布兰卡到布日伊，在一个巨大的弧形的作战范围内，开始登陆。直至11月8日凌晨，希特勒才确切知道了盟军的意图，他感到十分的震惊。"火炬"行动完全出乎意料，是什么原因使得德国没有一点情报先进行准备呢？盟军大范围的军事调动德国已经发现，只是并不知道他们的目的是什么。其实，这样的报告还是有的。

战后发现，当时主要针对美国和英国的谍报局汉堡站站长赫波特·维曼奇已经从第一流的情报来源得到了一份准确而及时的报告，报告说盟军部队调动的那个目标是法属北非。而这个报告当时是以十万火急的密件的形式送到最高统帅部的，这个报告哪去了？谁也不知道。

卡纳里斯是谍报局最高领导者，他表示，他也不知道，并显得似乎有些无动于衷。德国的高级指挥机关这才相信，卡纳里斯向他们提供的情报是多么的糟糕。

但是，当时并没有人怀疑他反对希特勒的。随着战事的变化，越来越多的人已经看到德国在这场战争中将不会取得胜利。

在苏联战场上，苏联人誓死保卫列宁格勒和捍卫斯大林格勒的坚定信念和顽强抵抗的勇气，使德国在苏联战场上快速推进的势头得到了遏制。在北非，盟军也越来越明显地占了上风，那种失败的情绪已经悄然在德国内部蔓延开来。

1943年年初，希特勒的宏大战略在各地遭到了不断的失败和威胁，在战争越来越偏向盟国的时候，在希特勒身边也越来越多地出现准备刺杀他的人群。贝克将军曾对卡纳里斯说，决定性的时刻就要到来了，随着希特勒不断的打败仗，我们的人就不断地在增加。

1943年2月，机会终于来了。在斯大林格勒战役中，德国的陆军元帅鲍罗斯率领残余的90000多人向苏联红军投降，像以往一样，希特勒又将失败归咎于鲍罗斯，并说他不应该让敌人活捉。

希特勒身边的将领们对希特勒都感到了愤慨，"闪光计划"的实施者认为行动的时机已经到了。克鲁格按照特来斯科夫和施拉勃伦道夫的建议，宴请希特勒到他的司令部驻地斯摩棱斯克访问，希特勒竟然答应了。于是，卡纳里斯和奥斯特假装为谍报局的差事去访问克鲁格的司令部，为"闪光计划"做最后的安排。

"闪光计划"其实很简单，就是把一枚炸弹藏到希特勒的私人飞机里，

穷途末路的希特勒

待他从斯摩棱斯克回来时引爆。特来斯科夫和施拉勃伦道夫一起制造了炸弹。他们把炸药包弄成两个方形酒瓶的样子。要让炸弹爆炸，只需要按动一个小小的按钮，一个小瓶子就会被打破，里面的腐蚀酸就会流到一根拉住撞针的金属线上。

一切准备就绪，希特勒如约来到了斯摩棱斯克，克鲁格和特来斯科夫在机场迎接了他。午餐的时候，特来斯科夫走到希特勒的一个随行人员身边，请他将两瓶酒带给柏林的斯蒂夫将军，随行人员满口答应了。

午餐过后，希特勒与克鲁格又谈了将近一个小时的话，然后就准备动身回腊斯登堡。在他登上飞机时，施拉勃伦道夫启动了炸弹的引爆装置，装着腐蚀酸的小瓶子被打碎了……

炸弹没有爆炸，飞机完好无损地降落在腊斯登堡，"闪光计划"的策

划者不由得目瞪口呆，他们不知道是什么原因使计划破灭。总之，他们丧失了一个好机会。后来，据希特勒的驾驶员说，当时他们离开斯摩棱斯克后，就碰上了云层和湍流，为了不让希特勒感到不舒服，他就驾驶飞机飞到了较高的高度，这样，放着炸弹包裹的行李舱的温度急剧地下降，把腐蚀酸冻上了。希特勒侥幸逃过了第一劫。

"闪光计划"的失败并没有阻止反对者刺杀希特勒的脚步。

1944年7月20日，风和日丽，这是一个平淡无奇的日子。然而，在德国却发生了一件震惊世界的事件，一个反希特勒的军官集团在这一天要暗杀希特勒。

德国后备军参谋长施陶芬伯格在希特勒东部战场的司令部——"狼穴"的会议室中，将一个装有定时炸弹的皮包放在会议桌下靠近希特勒座位的地方，由于皮包被人无意之中移动，所以当炸弹爆炸时，没有达到目的，希特勒只受了一点轻伤。

虽然两个暗杀计划都成为泡影，但行动却震惊了德国和世界，因为这标志着希特勒已是穷途末路，德国军队不仅在东部战场上节节败退，败局已定，而且希特勒在国内也失去了人心，以致到了被人谋杀的境地。

隆美尔参与
刺杀希特勒了吗

  1944年10月14日，纳粹德国陆军元帅隆美尔被希特勒以叛国罪下令处死于乌尔姆附近的赫林根。由于隆美尔在北非战役中的辉煌战绩，曾经给德国带来过巨大荣誉，他被告知可以选择服毒自杀。隆美尔接受了，这样他的家庭将免受牵连，也不会继续深究和他以前共事过的人员，而且，希特勒还承诺在柏林给予他国葬的待遇。

  既然希特勒对外宣传说隆美尔是突发脑出血而死亡，并隆重安葬他，那为什么还要处死他呢？隆美尔确实是谋害希特勒的成员吗？

  隆美尔是希特勒赏识的部下，但也有着自己的性格特征，他虽然尊敬元首，但时常违抗元首的命令。许多从德国逃出来的政治犯到法国的外国军团中同德国作战，希特勒曾命令隆美尔将非洲军团俘获的这些人就地枪决，但是隆美尔却拒绝执行希特勒下达的处决令。

  阿拉曼战役期间，隆美尔和希特勒之间的裂痕越来越大。当英军很快就突破了德国人的防线后，希特勒责令非洲军团在阿拉曼战役中"要么胜利，要么毁灭"。隆美尔中止了已经开始的撤退，但同时也在试图取消希特勒这个残暴的命令。但是很快危机越来越严重，于是隆美尔违抗了希特勒的命令，两次指挥他的部队撤退，直至撤入突尼斯山区。隆美尔还曾希望能够将非洲军团撤回到意大利，希特勒理所当然地拒绝了，并在指挥部对他大发雷霆。

  希特勒曾再三重申不许非洲军团后退的命令，然而每一次隆美尔都没有执行，为此12月底的元首指挥部，一场激烈的争吵在隆美尔和希特勒之间爆

发了。当时，隆美尔已经意识到眼前的战争"简直是一种邪恶罪孽"，他十分想提醒自己的元首停止这场战争，用政治的手段来和平解决，因为他看到全世界都在反对纳粹德国。

在一次军事会议上，隆美尔第一个站起来，他说："我的元首，我想代表德国人民向你阐述西线的严重局势，首先我想谈谈政治局势……"

没等隆美尔说完，希特勒打断他的话："元帅，请谈军事形势。"

隆美尔却坚持说："历史要求我们先谈政治处境。"

希特勒勃然大怒："不行，今天只谈军事，别的什么也不谈！"

这时，隆美尔表现出了非凡的勇气，他面对希特勒的强压大声说："元首，我必须坦率地承认，不提到德国的前途我是不离开这里的！"

此时已经失去理智的希特勒开始大声地咆哮："陆军元帅，请马上离开会议室！"

在阿拉曼前线的隆美尔（左二）

176

希特勒恢复了常态后，随即命令戈林到意大利去监督隆美尔在非洲的行动。

当非洲军团在突尼斯投降后，希特勒将隆美尔召回讨论当前形势。隆美尔告诉希特勒说，他觉得战争不可能胜利了，并认为德国应争取"有条件的投降"。这再一次激怒了希特勒，他脸色铁青，大声叫喊："记住，谁都别想跟我讲和平！"此后，隆美尔和希特勒之间就再没有亲密的接触了。

战争后期，隆美尔已经觉得战争不再有胜算，他也知道希特勒的这场战争中首要的是苏德战场。他开始明白在苏联的这场战役竟是如此的残酷，如果苏军进入德国，那么将导致最坏的结果。隆美尔的反应是：

如果可能，就无条件投降，但最好是争取"有条件地投降"。假如盟军在诺曼底的入侵能被击退，那么新的德国政府将有了讨价还价的余地。但这一切都将是幻想。

一方面，盟军的常规兵力已经具有压倒性的优势；另一方面，美国核武器此时正在研制中，可以想象得到的是，如果欧洲战事久拖不决，那么原子弹就很有可能落到德国头上。

隆美尔认为，如果盟军在诺曼底战役中失败，那么没有希特勒的德国仍旧能够获得一个能达成有条件投降的好机会。他没想到的是，一场政变在登陆前就已开始预谋。

1944年，在隆美尔任B集团军司令时，虽然着手准备对抗盟军登陆的海岸防御，但整个1944年的上半年，他都与柏林的密谋者保持着接触。

他认为在他们还无法能确保行动成功之前，柏林并不是谋划行动的合适地点。虽然有关暗杀方面的行动计划正在讨论，但隆美尔并不赞成这么做，起先他并不知道施陶芬伯格试图于1944年7月20日刺杀希特勒。

随着盟军确立了在诺曼底的优势，隆美尔意识到西线已经失败了，他现在想得更多的是如何停止战争，以使盟军穿越德国并在红军之前抵达欧洲的

中心。无论如何，都要阻止苏军对德国的占领。由于这个原因，他至少两次劝说希特勒接受他的意见，但是只要稍微提及和平的请求，希特勒就大发雷霆。

因此隆美尔认为使部队投降的最佳时刻，就是在一旦盟军突破了诺曼底防线之时。作为一名前线军官，当他下定决心要在西线停止抵抗时，他决定竭尽所能以防止双方军队再交火。在诺曼底，隆美尔曾和党卫军将领特里希和豪森会面，他向两个人直率地谈到投降要比继续在西线抵抗而让苏军占领柏林更有利。两人都同意他的观点，都认为继续抵抗是没有前途的。

1944年7月初，隆美尔就当时的形势写了一份备忘录并交给了希特勒。7月15日，他又写了另一份报告，其中有这样一段阐述：

这场不对等的战斗正在接近尾声，我认为应当从当前形势中得出必要的结论。作为B集团军司令，我不得不清楚地表达自己的看法。

很显然，隆美尔并不相信他的报告会让希特勒改变主意，他之所以写下并散发这些备忘录，有可能是为了在战后证明他在当时那种灾难性的形势下并没有保持沉默。当希特勒不面对现实后，他认为自己不该受到责难并被迫独自采取行动。

盟军攻入法国后，隆美尔曾经设想过除掉希特勒以实现和平，"然后我就开放西线"。

慕尼黑著名的纪录片制片人莫里斯·菲利普·雷米在为其著作《隆美尔的神话》查找档案时，发现了长期保存在民主德国档案馆中的材料。这些材料证明，隆美尔当时确实很接近反抗，比现在众所周知的还要接近。

雷米说：

说出"我要开放西线"这样的话，需要很大的勇气——可能

只有隆美尔才有这样的威望。如果他成功的话，盟军将在三五天
之内占领鲁尔区，这样战争也可能在1944年8月结束。

关于隆美尔是否真的参与了刺杀希特勒的计划，即被希特勒定为叛国罪
的问题，历史上普遍的看法是他没有直接参与，也没有同意刺杀希特勒。因
为他在听说希特勒遇刺时感到了无比的愤怒，他觉得"死希特勒可能比活希
特勒更有危险"。

希特勒为何

要毒死隆美尔

　　自从施陶芬贝格刺杀希特勒失败后，狂怒的希特勒进行了大清洗。由于密谋集团成员中许多人的立场并不是很坚定，因此出现了一些临阵叛变者，结果越来越多的军官和同情者被逮捕、枪杀或投进监狱。

　　曾经给隆美尔做策反工作的施特罗林也未能幸免，但是他直至临死也没有供出同隆美尔进行过接触。但是，施特罗林的助手，也是密谋组织中成员的霍法克中校，因为害怕死，就想抬出两位元帅作为自己的护身符。于是，在党卫军保安处的地下室里，霍法克说出了隆美尔和克鲁格两位元帅的名字。

　　在党卫军保安局人员的诱骗下，这位只顾保命的小人物添油加醋，把隆美尔说成了是直接密谋者，但并不是直接策划者。

　　希特勒获悉这个情报，沉重地叹了口气，对党卫军头子希姆莱说："克鲁格参加密谋集团我是相信的，但隆美尔我想不出他背叛我的理由啊！这份名单的来源可靠吗？"

　　希姆莱说："应该是可靠的。它是霍法克中校主动供出来的，我们并没有用刑。此人招供无非就是想让我们留下他的一条命。"

　　"这种人，决不可留。"希特勒恶狠狠地说道，希姆莱点头称是。随后希特勒告诉希姆莱，在处理隆美尔的这件事上要做进一步调查，不能过于草率。即使隆美尔真的牵连进去，也要与其他人区分开来，不能作同样的处理。因为如果盟国知道了这一切，对西线的战争将产生不利的影响。

　　隆美尔是希特勒的爱将，虽然两人有了一定的隔阂，但希特勒从心里还

希特勒（中）在研究对策

是不希望隆美尔成为背叛自己的人。1944年8月12日，密谋刺杀希特勒的主谋之一，并在成功后准备接替总理职务的卡尔·戈台勒被捕。装有密谋集团的文件、声明和所谓的同伙名单的文件箱落入希姆莱手中。希姆莱惊奇地发现，在名单中赫然写有隆美尔和克鲁格的名字。于是，希姆莱草拟了一份还未逮捕的密谋分子的名单，隆美尔自然在其中，而且名列第五位。

希特勒很快拿到了这份名单，他相信这位爱将的确参与了谋杀自己的阴谋。但他也知道，此时的隆美尔正在医院里养病。

因此，希特勒再次叮嘱希姆莱，要他等到隆美尔身体恢复健康后再审问他，并且不要声张。最后希特勒怜惜地说："我相信，他一定是受蒙骗的。"希姆莱按着希特勒的指示，直接去抓克鲁格元帅，但是不知是谁走漏了风声，克鲁格已经在希姆莱到达之前服毒自杀了。

↑ 隆美尔（左）和希特勒（右）

　　早在7月中旬，隆美尔乘坐的汽车受到盟军飞机的猛烈射击并受了重伤后，就一直躺在医院里，他对这些变故一无所知。一个星期后，他仍然无法写出自己的名字，只能写下些模糊的、难以辨认的奇怪符号，没有办法，只好自己口授，而请护士小姐给他做记录，这样才给他的妻子写了信。后来，隆美尔的伤势渐渐有了好转，医生批准他可以回家疗养了。

　　隆美尔生命的最后那一段时间是他最温馨的一段日子。但是，这段日子并没有持续多久。一天下午，他的妹夫汉斯慌张地来到隆美尔的家里，并告诉他说："戈台勒已经被捕了"。隆美尔听了摸不着头脑地问："戈台勒？我不认识他。怎么，这和我有什么关系吗？"

　　"从他那里搜出一张名单，与你有关系。"汉斯紧张地说，"另外，还有一张字条，说你是西方敌人所尊敬的唯一军人，在刺杀希特勒之后，必须由你来掌权。你看这……"

182

　　隆美尔也感到了事情的严重性，他明白，自己已经被牵连到这场事变中去了。不久，隆美尔手下的助手被一个个地抓走了，这些人当中的确有密谋集团的成员，斯派达尔就是其中之一。对于斯派达尔的被捕，隆美尔还专门给希特勒写过一封信，想极力替他开脱罪责，但已经没有任何作用了。几天后，隆美尔的住宅附近就有了秘密警察的监视，最高统帅部的参谋长凯特尔元帅也打来电话，请隆美尔到柏林去谈一下新的工作安排。隆美尔心里明白，自己的死期已经到了。

　　次日，前来逮捕隆美尔的两个人与隆美尔进行了密谈，他们告诉隆美尔或者选择自杀，将给予国葬的待遇；或者选择审判，被按叛国罪处死。10多分钟后，隆美尔告别了家人，跟着来人钻进了汽车，在离开家不远的一个寂静的树林里，隆美尔吞下了毒药……

　　他死后，德国对外发布公告，隆美尔因突发脑出血不幸逝世。

希姆莱背叛希特勒
向盟军投降

　　继刺杀希特勒事件后，备受希特勒信任的德国纳粹党卫军头子海因里希·希姆莱又背叛希特勒，向盟军投降。

　　1944年8月31日，英国军情六处的负责人向英国首相丘吉尔交上了一份截获的密码电报。这份电报是德国纳粹党卫军和秘密警察"盖世太保"的头子希姆莱发出的。丘吉尔首相当时亲笔回复了军情六处，称"希姆莱的电报由我保管并负责销毁"。在整个第二次世界大战期间，英国首相丘吉尔曾经看过多达14000份破译的密电，这份电报，是唯一一份由德国纳粹党卫军头子希姆莱发出的。

　　战争后期，随着德国战败的结局越来越清晰，纳粹内部不团结的现象也越来越严重。其实，希姆莱一直在经营着自己的势力，构筑着通向最高权力之路。为此，他一手组建了纳粹党卫军，并亲自任首脑。要加入党卫军的最重要条件就是个人要对纳粹德国绝对忠诚，而希姆莱为党卫军制订的座右铭是："忠诚是我的荣誉。"

　　不过，现在看起来，曾被希特勒骄傲地称为"忠诚的海因里希"的希姆莱，却比任何其他纳粹领导人都更不忠于希特勒。

　　在纳粹德国存在的最后8个月中，希姆莱就一直在试图背叛希特勒，特别是在听说希特勒疯了的传闻后，更是公开地向盟军示意投降之心。这也导致希特勒在地堡中临死前的政治遗嘱中开除了希姆莱的党内外一切职务。

　　在第二次世界大战后期，德国军队全线败退，纳粹德国朝不保夕。在此情况下，作为纳粹德国二号头目的希姆莱已经意识到大势已去，但最高领导

人希特勒却仍试图做最后一搏。于是，希姆莱决定背着希特勒，酝酿与盟军达成秘密协议，而这份电报，就是他向一位中间人发出的。希姆莱试图让后者代表他向英国提出试探性的和平建议。

丘吉尔一直坚决反对与德国人进行任何形式的谈判，收到这份电报后，他毁掉了这份电报，他想确保德国人不再进行试探性接触，所有关于此事的线索也因之灰飞烟灭。

1944年8月，日本军国主义者已经暗示他们准备做中间人，让德国与苏联单独达成和平协议，日本驻柏林大使在9月初进见希特勒时，曾经直接提出了上述建议，但遭到了希特勒的当场拒绝。

希姆莱并不知道日本方面提出的德国向斯大林提出双边停战的建议，但他显然也已经意识到德国不可能赢得这场战争。9月12日，他也与希特勒会面，讨论了向苏联或者英国提出试探性和平建议的想法，他当时想得更多的是与英国达成类似的和平协议。显然，他得到的是

丘吉尔（蜡像）

与日本大使一样的回答，因为希特勒对此根本不感兴趣。

希特勒一直认为，谈判只可能由实力占优的一方提出，德国现在的处境提出谈判只能是枉然。当时，他只想发动一次大的攻势，彻底扭转战争对德国不利的局面。

他的想法是在地处法国北部、比利时东南部及卢森堡北部的阿登高地发动一次全面攻势，将英国与美国军队"赶进大西洋"，然后，用缴获的新武器对苏联发动全面进攻。

至1944年秋天，盟军已经完成了对德国东西边界的合围，第三帝国的灭亡已经只是时间问题。与希特勒不同的是，希姆莱再也不准备抵抗下去了，他还想要自己的脑袋，还想领导后希特勒时代的德意志，如果有可能，继续对布尔什维克主义作战。

正是基于这些考虑，希姆莱需要与西方的英国达成协议，正如那份8月份发出的电报所表明的，他已经开始寻找自己的出路了。只是，那时希特勒仍是纳粹德国的元首，拥有至高无上的权力，因此，希姆莱每走一步都需要极为谨慎。

在接下来的几个月时间里，他一直扮演着

希特勒（右一）与希姆莱（右二）

两面派的角色，表面上，他仍是"忠诚的海因里希"，暗地里，他加紧了与盟国试探性的接触，以求达成秘密和平协议，他不想自己与希特勒一起，走到自毁之路的尽头。

1944年12月，德军在阿登高地发动了一次很大的攻势，但这次战役并没有改变纳粹德国的命运，希特勒试图将盟军赶出欧洲大陆的如意算盘完全失败了。剩下的路已经没有了，只有顽抗到底。

希特勒当时叫嚣着：我们决不投降！我们可以失败，但我们将会让世界一起陪葬！希特勒孤注一掷的叫嚣也许会引起一般纳粹分子的共鸣，但希姆莱却已经不再狂热了，他对形势已经有了清醒的认识：德国完蛋了！

但是，希姆莱如果想与盟国达成任何和平协议，他必须首先改变自己的声誉，要知道，他可是希特勒"最忠诚的党卫军战士"。为了取得西方盟国的信任，他开始频繁地露面表现自己，他要重新树立自己的形象。

1945年1月，一位代表美国和加拿大的瑞士调解人在盟国和希姆莱之间进行游说和调解，希姆莱同意以25万美元为代价，在一个月内释放1400名犹太人。然而，到了2月份，1200名犹太人被释放，但他并没有要钱。不过，由于深知希特勒不会允许他这样做，希姆莱请美国和瑞士的媒体在报道此事时，应突出希特勒的"人道主义姿态"。华盛顿当时也肯定准确判断出了希姆莱想要寻求达成和平协议的愿望。

尽管希姆莱在此事上做足了手脚，但当希特勒得知他一直想灭绝的犹太人被释放时，仍大发雷霆，并立即下令：绝不能放走一个犹太人！这也是只有1200名犹太人，而不是1400名犹太人侥幸逃生的原因。事已至此，希姆莱的努力看来是白费了。

1945年1月，他被希特勒贬到其他职位，当上了一名高级军事指挥官。希特勒将他另用的理由是利用了他的身体状况，称他因长期生病，已不适应现在的工作，而把他安排到柏林北部的一个党卫军医院休养。由此，希姆莱从内心感到他和元首之间的隔阂正在加深，一种背叛的心也就越来越强烈，希姆莱已经在计划自谋生路的方法。

　　希姆莱为了提高自己在西方盟国面前的发言权以及所谓的新形象，下决心同意与来自世界犹太人大会的一名代表在一个秘密地点会面。在这次会面中，他同意释放关押在拉文斯布里克的犹太妇女，这显然是与希特勒的旨意背道而驰的。

　　2月至5月期间，希姆莱多次与瑞典红十字会副主席康特·弗尔克·贝纳多特会面，经过这些会谈，他所计划的德国向西方投降的可能性越来越大了。4月22日，歇斯底里的希特勒公开承认德国已经输掉了这场战争，并表示自己将随第三帝国的消亡而消亡。

　　第二天傍晚，当希姆莱再次与贝纳多特会面，并请求他向西方盟国转达德国愿意投降的意思时，希姆莱自己策划德国投降的计划，在盟国看来实际已经没有多少意义了。希姆莱的最后提议晚了一步。

　　4月28日，希特勒向全世界发布消息说，希姆莱制订了向英国和美国无条件投降的计划，并称这是"人类历史上最无耻的背叛"。随后，希姆莱被希特勒剥夺了一切职务。对于希特勒来说，发现自己一直认为绝对忠诚的希姆莱竟然也背叛他，是对他最大的打击，两天之后，他也死了。

　　希特勒死后，德国元帅邓尼茨接替他短暂地当了几天第三帝国的元首。他知道希姆莱是不可靠的，因此拒绝了希姆莱入阁的要求。

　　想继续掌权的希姆莱美梦破灭后，刮了刮自己的胡子，戴上自己的独眼黑眼罩，穿上一名党卫军士兵的军服，开始了自己的逃亡生涯。但是，他并没有跑掉，两周后，他就落入了英国军队手中。5月23日，他咬碎了镶在一颗假牙里的氰化物胶囊，自杀身亡。

　　关于希姆莱的死，还有这样一段故事：

　　当时希姆莱带着他的一帮亲信从弗伦斯堡逃向马恩。一路上，他们风餐露宿，十分辛苦。当一班人马疲惫不堪地来到易北河口时，面对滔滔的河水，他们不得不扔掉了汽车，换上了老百姓的衣服，加入了逃亡者的行列。

　　但是当他们来到布莱梅港口时，认真的英国士兵对他们产生了怀疑。英国士兵发现这些人的身份证非常新也非常好，按理说，像这样逃难的人员不

希姆莱视察慕尼黑附近的集中营

应该有如此崭新的证件。于是，他们被带到了兵营里监禁了起来。

希姆莱受不了监狱的生活，于是他撕下蒙在眼睛上的黑布，亮出了自己的身份。英国士兵听说他就是"大名鼎鼎"的希姆莱，立刻向上级报告。蒙哥马利元帅立即派人赶到这里，对希姆莱进行了审问和搜查。当一名军医给希姆莱检查口腔时，发现牙齿中间有一个东西闪闪发亮，就命令希姆莱把口腔对着灯光。

这时，希姆莱突然掉转头，合上嘴，牙齿用力一咬，只听见他的嘴里发出一声轻微的响声。希姆莱的身体抽动了几下，就不动了。他咬碎了藏在口腔内的毒药管。英国医生和士兵急忙给希姆莱灌进了大量的呕吐剂，并进行洗胃，但希姆莱还是一命呜呼了。

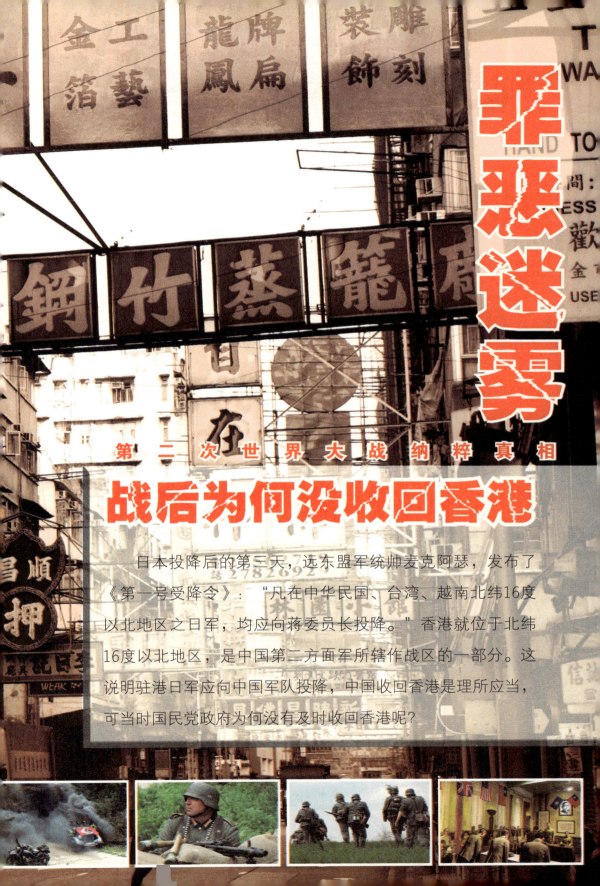

罪恶迷雾

第 二 次 世 界 大 战 纳 粹 真 相

战后为何没收回香港

日本投降后的第三天，远东盟军统帅麦克阿瑟，发布了《第一号受降令》："凡在中华民国、台湾、越南北纬16度以北地区之日军，均应向蒋委员长投降。"香港就位于北纬16度以北地区，是中国第二方面军所辖作战区的一部分。这说明驻港日军应向中国军队投降，中国收回香港是理所应当，可当时国民党政府为何没有及时收回香港呢？

日本投降后
香港唾手可得

　　香港，如一颗璀璨的明珠，镶嵌在世界东方，它创造了一个又一个的世界奇迹。它由一个小渔村发展成为国际金融中心。

　　然而，对于中国来说，香港的繁荣与发展的背后，却是中国人百年来的辛酸与耻辱。收复香港是中国人民近百年来无数志士仁人的共同追求。

　　然而在抗战胜利这样一个极为有利的形势下，当时的国民政府为什么没有能够成功地将香港回收到中国的怀抱来呢？

　　1941年12月7日，日本偷袭珍珠港，重创美军太平洋舰队。太平洋战争爆发。

　　第二天，日军进攻香港，仅仅过了18天，香港陷落，港督杨幕琦举出白旗投降。从此，香港落入日本手中长达4年之久。

　　1945年，第二次世界大战临近尾声。欧洲战场法西斯德国和意大利已经遭到惨败，并已经向盟军缴械投降。亚洲战场上，日本军国主义已是日薄西山，摇摇欲坠。

　　1945年8月，中国战场上向日军发起了全面进攻。美军在太平洋战场已经取得主动，战事已经逼迫日本做最后的顽抗。美军为了减少伤亡，在军队向日本本土逼进的同时，向日本的广岛、长崎投掷了原子弹。

　　一天后，苏联对日宣战，向盘踞在中国东北的日本关东军发起了进攻，给日本关东军以歼灭性打击。在走投无路的情况下，日本政府于8月15日宣布无条件投降。

　　日本投降后的第三天，远东盟军统帅麦克阿瑟在杜鲁门总统的授权下，

发布了《第一号受降令》：

> 凡在中华民国（满洲除外）、台湾、越南北纬16度以北地区之日军，均应向蒋委员长投降。

　　香港就位于北纬16度以北地区，而且在战争期间隶属于中国战区的广州作战区，是中国第二方面军所辖作战区的一部分。日本驻香港的防卫部队是隶属于日军南支派遣军第二十三军，该军司令官田中久一兼任香港总督，他常驻广州。

日军占领香港时举行入城式

这一切都说明驻港日军应向中国军队投降，中国收回香港是理所应当。

太平洋战争爆发后，英国在亚洲的殖民地基本上都被日本占领了，特别是缅甸失守后，英国政府曾经请求中国派兵支援在缅甸的英国军队。

蒋介石也曾打算趁此良机收复香港。

1942年，蒋介石曾向英国提出收回香港的要求，为了实现这一愿望，他在访问印度期间，会见了甘地和尼赫鲁等人，表示支持印度的独立要求，以促使英国在远东的殖民体系瓦解。

蒋介石这一姿态在国内引起了反对帝国主义，要求废除不平等条约的高潮，在国际上得到了正义人民的同情。

英国出于需要中国出兵保卫其殖民地缅甸和印度的目的，主动提出与中国进行废除不平等条约及签订新约的谈判。谈判之初，蒋介石坚持收回香港，然而，英国人从内心里并不想真的交还香港。

他们只是权宜之计，为的是让蒋介石能够抗日，以减少他们在太平洋战场上的压力。后来在英国的威逼利诱下，蒋介石的立场逐步软化，最终放弃了将收回香港这一内容写入中英新约，仅仅要求英国在口头上承诺在战后同中国商讨九龙问题。

日本投降后，香港的问题摆到了桌面上，是否应该立刻收复香港成了人们关心的问题。

许多人建议蒋介石趁此机会派兵假道广九铁路，捷足直入，占领香港后再与英国交涉，对此建议蒋介石有所采纳，在接到盟军的《第一号受降令》后，他即任命第二方面军司令张发奎为接收广州、海南、香港等地的受降官。

命令张发奎的新一军和第十三军执行香港的受降事宜。张发奎接此命令后，即将新一军和第十三军集结于靠近香港的宝安地区，做好了收复香港的准备。

英美两国首脑
拿香港做交易

对于麦克阿瑟的《第一号受降令》，英国政府表示拒绝接受，诡辩战区不能覆盖主权，明确表示拒绝中国军队在香港受降。

其实，恢复在香港的殖民统治并继续占据是英国的既定政策。

早在1943年举行的，由中、英、美三国参加的开罗会议上，丘吉尔曾就香港问题向蒋介石宣称：

不经过战争，休想从英国拿走任何东西！

蒋介石虽然心中恼怒，但嘴上对这种公然宣战却未作任何表示。

1944年初，英国政府成立了一个名叫"香港计划小组"的机构，负责策划重占香港及恢复殖民机构的事宜，并确定了战后武力占领香港的方针，准备在战争后期用陆海空军及预备部队协同作战，不惜一切代价攻占香港。为配合军事行动，英国向香港派遣了大批间谍。

日本投降前夕，英国外交大臣贝文通过秘密渠道，通知被日军囚禁在港岛赤柱的前港英政府辅正金逊，让他设法在日军投降后恢复英国在香港的机构，并行使政府管理职权，直至英军抵达香港成立军政府为止。

金逊获释后便向日军提出建立以他为首的临时政府，要求日军维持好社会秩序等待英军前来受降。

1944年8月13日，英国三军参谋长向盟军东南亚战区最高司令蒙巴顿下达命令：

由英国太平洋舰队执行重占香港的任务。

据此，英国太平洋舰队海军少将夏壳率领一支特遣舰队开赴香港。为配合海军的行动，英国还从东南亚战区司令部派出了大约一个师的兵力前往香港。

在派出军队登上香港岛的同时，英国在外交上为重占香港做了准备。

英国人很清楚，在中英关于香港归属的斗争中，美国的态度是很重要的，美国的天平倾向于哪一方，香港就将归哪一方所有。因此，如得不到美国的支持，英国想重返香港是很困难的。

8月18日，英国新任首相艾德礼致电美国总统杜鲁门，表示英国不能接受麦克阿瑟的"第一号受降令"，强烈要求杜鲁门指示麦克阿瑟重新发布命令，让驻港日军向英军投降。

🔺 蒋介石、罗斯福、丘吉尔、宋美龄（前排左起）在开罗会议上

196

第二次世界大战纳粹真相

　　在中国这边，蒋介石虽然已经集结了部队，做好了进入香港的准备，但他却迟迟没有下达进军香港的命令。

　　鉴于英国人的态度，蒋介石真是为难。

　　他知道，对于共产党领导的军队只能用武力消灭之。因此，他深知一旦发动内战，不能少了英、美两国的援助，如若此时出兵香港，必然会与英国发生冲突，从而失去英国的支持。

　　于是，蒋介石连续两次声明中国无意于以武力收复香港，希望收回香港这件事能通过"外交"途径来解决。他还向美国派出了使节，去寻求美国的支持，幻想通过美国的干涉来实现香港的回归。

　　这样，中英两国都把求助的目光投向了美国，美国人的态度此时起着关键的作用。

　　太平洋战争爆发后，美国是支持中国收回香港的，想通过此举来鼓励中国政府继续对日作战，以减轻美军在太平洋战场上的压力，同时，也趁机瓦解英、法在远东的殖民体系，以便进而将英、法势力挤出远东，并取而代之。

　　因此，在开罗会议上，罗斯福总统曾敦促英国在战后将香港归还中国，使之成为中国控制之下的一个国际自由港，但遭到了丘吉尔的拒绝。

　　德国投降后，美国同苏联在欧洲展开了激烈的争夺，在这场关系美国切身利益的争斗中，美国需要英国的支持。因此，在香港这个问题上，美国支持中国收回香港的立场发生了改变。

　　美国人知道，如果一再坚持让英国把香港归还中国，那么势必造成英国人对美国人的反感，在欧洲没有英国的支持，美国在欧洲的利益就将受到损失，就会将欧洲的利益拱手让给苏联。

　　所以杜鲁门支持英国重返香港。他通知麦克阿瑟：

　　　　为了更顺利地接受香港地区日本军人的投降，须将香港从中国战区的范围内划出来。

197

其实，当时中国国内的许多人都赞成向香港派兵。但蒋介石有自己的打算，他始终寄希望于美国的"公正"。

他曾经对坚持派兵的宋子文说：

子文兄，这样做不好，因为有美国出面，比我们先起兵要好些。国际上的许多事情，我们都是在依靠美国嘛！

罗斯福不在了，我们也不能连杜鲁门的一点面子也不给，就先在香港动起兵来。

再说，英国方面是什么样，我们也应该向艾德礼进行外交试探以后才能知道。在这种时候，当然还是不先派兵的好。

然而，蒋介石没有想到，美国总统杜鲁门并不像罗斯福那样对他极力关照。杜鲁门的天平倾向了英国。

第二次
世界大战
纳粹真相

蒋介石腰板
不硬屈从强权

　　既然美国不希望中国收回香港，正乞求美国人帮他打内战的蒋介石只好从命。但在放弃香港之际，蒋介石还想给自己争点面子。

　　1944年8月20日，他在致杜鲁门电报中改变了要求收回香港的初衷，他要求：

　　　　在未来的受降仪式上，驻港日军应向中国方面的军事代表投降，美国和英国均可派代表参加这一受降仪式。
　　　　在受降仪式后，英国人将在中国战区最高司令的授权下，派遣军事力量在香港登陆。

　　令蒋介石意想不到的是，美国人连这一点面子也不给。

　　杜鲁门在给蒋介石的回电中表示，"美国不反对一个英国军官在香港接受日本人的投降"。

　　蒋介石看到电文后连骂"娘稀匹"，然而，他不能得罪美国人，只好忍气吞声。蒋介石不得不表示"愿意授权给个英国军官，让他去香港接受日本人的投降，到时派一名中国军官和一名美国军官赴港参加受降仪式。"

　　蒋介石在香港问题上的一再妥协，使得英国人得寸进尺，英国政府认为，作为中国战区最高司令的蒋介石，无权委派一位英国军官在香港接受日本人的投降。

　　英国政府所能做到的，仅仅是欢迎一名中国代表和一名美国军官一起出

199

⬆ 受降仪式

席受降仪。而且只能以"中国战区最高司令个人代表的身份参加受降，如果有什么文件需要签署的话，他们只能作为见证人而签字，除此之外，别无所为。"

温驯的羊急了也会咬人。英国人步步紧逼的嚣张气焰，使得蒋介石感到脸上无光。中国不是他一个人的中国，这样屈辱的事，令他在手下将领们的面前怎么样交代？

他愤怒了，他告知杜鲁门，不管英国方面接受与否，他都将以中国战区最高司令的身份，任命夏壳作为他的受降代表，在香港接受日本人的投降。

同时，他的态度也变得强硬起来。他表示，一方面要尽力避免与英国在香港发生冲突；另一方面也打算以武力来抵制英国人在中国战区之内所采取的行动。

中国方面的态度是英国人所始料不及的，国民党在靠近香港的宝安地区屯兵两个军的现实也使英国人感到不安。

为了能重返香港，他们不得不接受蒋介石的建议，同意夏壳同时代表英国政府和蒋介石在香港接受日本人的投降。

1945年8月20日，从菲律宾苏比克湾开来的英国海军特遣舰队大摇大摆地在香港登陆。

9月1日，夏壳以香港英军司令的身份成立军政府。

同日，蒋介石派遣的军事代表团也抵港，与夏壳达成协议：国民政府同意英军占领香港。

1946年5月1日，香港沦陷后被日军囚禁3年零8个月的前港督杨幕琦返港重任总督，恢复了英国对香港的统治。

只有国家强大了，才能在外事面前挺起腰来，蒋介石为了美英的援助，一味的卑躬屈膝，致使一次大好的回收国土的良机悄然消失，这不得不令人扼腕长叹。

图书在版编目（CIP）数据

罪恶迷雾：第二次世界大战纳粹真相 / 胡元斌主编
. ——北京：台海出版社，2013.8（2021.5重印）
（第二次世界大战纵横录）
ISBN 978-7-5168-0258-8

Ⅰ.①罪… Ⅱ.①胡… Ⅲ.①第二次世界大战—史料
②德意志第三帝国—史料 Ⅳ.①K152②K516.44

中国版本图书馆CIP数据核字(2013)第188562号

罪恶迷雾：第二次世界大战纳粹真相　　　第二次世界大战纵横录

主　编　胡元斌　严　锴

责任编辑：孙铁楠　　　　　　　　　　装帧设计：大华文苑
版式设计：大华文苑　　　　　　　　　责任印制：严欣欣　吴海兵

出版发行：台海出版社
地　　址：北京市东城区景山东街20号　　　邮政编码：100009
电　　话：010－64041652（发行，邮购）
传　　真：010－84045799（总编室）
网　　址：www.taimeng.org.cn/thcbs/default.htm
E-mail：thcbs@126.com

经　　销：全国各地新华书店
印　　刷：北京九天鸿程印刷有限责任公司
本书如有破损、缺页、装订错误，请与本社联系调换

开　　本：710×1000　　　1/16
字　　数：210千字　　　　　　　　　　印　张：13
版　　次：2014年1月第1版　　　　　　印　次：2021年5月第4次印刷
书　　号：ISBN 978-7-5168-0258-8

定　　价：48.00元